文化大革命への道

——毛沢東主義と東アジアの冷戦——

奥村 哲 著

有志舎

文化大革命への道

——毛沢東主義と東アジアの冷戦——

【目　次】

第五章　調整政策と社会主義教育運動　151

【凡　例】

1　煩瑣になるのを避けるため、出典は巻末の参考文献に基づいて、たとえば奥村哲『中国の現代史』の二四～二五頁の場合は、（奥村 1999：24–25）とした。
2　ただし、本書の中心史料である薄一波の回想録は、しばしば引用するため、たとえばその二四頁は〈24〉とした。
3　引用文中の［　］は、筆者による説明である。
4　引用文中の〔　〕は、筆者が補った語である。

序章

昨年二〇一九年一〇月一日、中華人民共和国は成立七〇周年を迎えた。

現在の中国は、共産党による一党独裁の下で、経済の急激な発展をなしとげ、アメリカに次ぐ世界第二の経済大国になった。そしてその経済力を背景に、国際的な政治や軍事の場でもアメリカと覇権を争っており、それは米中経済摩擦に象徴的に現れている。他方で、今後人口構成が急速に高齢化していく中で、今までのような急激な発展は不可能になり、それにともなってさまざまな問題が顕在化してくるであろう。いずれにせよ、中国がこれからどんな道を歩むにしても、日本を含む世界の動きに大きな影響を及ぼすことは間違いないし、それに対して我々も、現状の表面だけみて小手先で対応していくことはできない。

当然のことだが、今後を展望するには、まず現状をしっかり把握する必要がある。そして、そのためにはまた、現状に至った過程もきちんと理解するようにしなければならない。そうした歴史的視点を欠いた「現状認識」は、事象の表面しか見えず、流れの根底にあるものが見えない、浅薄なものにならざるをえないからである。ただ問題は、背景にある歴史過程自体が、これまでは正しく捉えられていなかったことであり、それが現状を見る眼も曇らせてきた。

その悪しき典型が、現状を一挙に近代以前の「中国」の状況と結び付けてしまい、明清あるいは古代以来の「中国的伝統」から説明しようとする傾向である。たとえば、自由や民主主義は欧米由来のものであって、中国の伝統風土にはあわないという議論がある。あるいは、中国は古代から統一した多民族国家だった、という議論もある。これらはいずれも、共産党による一党独裁や少数民族統治を合理化するための議論であるが、とうてい歴史学の検証に耐えられるものではない。

まず自由や民主主義は、ヨーロッパにおいても古代ギリシャ・ローマ以来の「伝統」から導かれるものではなく、「大航海時代」の後に世界中が緩やかに結び付いた、一六・一七世紀以降の産物である。世界の結び付きの中心結節点となった西欧に富が集中した結果、さまざまな地域的・社会的な利害関係や対立が激しくなり、それが次第に地域的な統合を進めるとともに、ヨーロッパ内部で多くの宗教対立の衣をまとった「国際的」な戦争を引き起こした。その一つである三〇年戦争を終結させたウェストファリア条約によって、国民国家の外枠である領土と主権が国際的に承認され、主権国家が成立し始めた。その後のさらなる国際戦争が、多くのモノ・カネ・

ヒトを動員するため、結果としてナショナリズムをあおり、国民国家に向かわせていく。こうした流れの中で、人々相互の結び付きが否応なしに密接になり、利害関係や対立あるいは抑圧も激しくなっていく中で、社会の中で抑圧に対する自由や合意形成の手段として民主主義が求められるようになっていった。言わば広い意味でのグローバリズムの産物であって、それ故に普遍性を持つのである。

また、現在の中国の民族問題も、近代以降における、清朝の領域を大前提にした、漢族主体の中国（中華）ナショナリズムの産物である。本来、満州族の王朝であった清朝は、歴代の漢族の王朝よりも遥かに広大な領域を支配したが、モンゴル、東トルキスタンやチベットといった非漢族居住地域に対しては、中華を体現する皇帝としてではなく、北方諸族の大ハーン、あるいはチベット仏教の保護者などとして君臨した。そしてこれらの地域を漢族居住地と厳格に分け、漢族の流入を極力抑えようとし、漢族居住地のように省や県に分けて中央から官僚を派遣して統治するのではなく、中央の理藩院によって監督しながら、末端の民政はおのおのの自治にまかせていた。きわめて緩やかな統合である。しかし、世界が緊密に結び付き始めた一九世紀半ばの所謂「ウェスタン・インパクト」以後の国際関係の中で、一八九〇年代以降エリート層の中に、自分たちのあるべき統合体を王朝である清ではなく、国民国家としての「中国」に求めようとする動きが現れた。そうした動きの中で、清朝も「辺疆」を列強の圧力から守ろうとして、開墾や軍隊の派遣を行なうとともに、漢族居住地の統治と同様の省制度を導入しようとしたりした。これは実質的には、漢化によるきつい統合に向かうものだった。こうした中華ナショナリズムが、「辺疆」諸族の反発とナショナリズムを引き起こす。これが現在の民族問題の起源であって、中華ナショナリズムの発展と表裏の関係にあり、けっして前近代以来の「中華意識」が残っているなどという問題ではない。

そして、現状に直接関わる「中国的伝統」あるいは「中国的特色」は、実は明清時代あるいはそれ以前ではなく、毛沢東時代に形成されたものが多い。したがって、毛沢東時代を近現代史の中でどう捉え直すかが、現状をどう認識するかにおいてもきわめて重要になる。その時代は、これまでは毛沢東らによる「社会主義の実験」あるいは「社会主義への挑戦」などとして、マルクス主義や毛沢東らの社会主義思想から捉えようとする傾向が強かった。しかし、表現が過激に過ぎるかもしれないが、私にはそうした捉え方はあまりに牧歌的であると思われる。当時の世界は「冷戦」といわれる深刻な政治的・軍事的な対立状況にあり、キューバ危機（一九六二年）や第四次中東戦争（一九七三年）の時のように、いつ全面的な核戦争が起きても不思議ではない、戦争の危機の時代だった。全面的な核戦争は結果的に辛うじて回避されたが、朝鮮やベトナムでは局地的な国際戦争が起こっている。だから、当時の最高指導者たちには常にそうした戦争に対する強い危機意識があったはずだし、そうでなければ政治的に生き残れなかったであろう。「社会主義政策」の実施もそうした危機意識と密接に絡んでおり、そのために逆に「社会主義」に対する考え方も変わっていったのである。中国の場合、その帰結が文化大革命であった。

本書は、中華人民共和国成立後の外交・内政の基礎にあった、毛沢東らの危機意識の構造に着目して、文化大革命とその後の社会主義体制の解体に至るまでの歴史過程を、東アジアの冷戦の中で捉え直すことを目標とする。そのことによって、体制としての社会主義の実体が何であったかということも明確になるし、またそれが冷戦解体後の現状を捉え直す際の、ヒントにもなると考えるからである。

本書の観点を提示しておこう。第一に、戦後の冷戦の基軸は世界的には米ソ対立だが、東アジアではむしろ米中対立だったことである（高木 2001）。朝鮮戦争でアメリカへの矢面に立ったのは中国だった。ベトナムでも、第一次インドシナ戦争では「中国はベトナム側に軍事援助を提供した唯一の国で」、それを「フランスに対するベトナムの勝利の決定的な要因」だとみる研究者もいる（朱 2001：17）。一九六〇年代のベトナム支援でも、フルシチョフ時代のソ連は消極的だったが、中国は終始積極的だった。そして何よりも、東アジアにおける冷戦の解体は、まず米中の関係改善から始まったのである。

第二にこれに対応して、文化大革命の勃発までは、中国にとっての最大の脅威はアメリカの軍事力であり、毛沢東ら指導者の危機意識の中心はそこにあった。従来、中ソ論争のため、一九六〇年代前半はアメリカに劣らずソ連も中国の大きな脅威だったとされてきた。[*] 確かに中ソの対立が激しくなり、それが文化大革命の要因になったのは事実であり、その意味でソ連に対する危機意識も強かった。しかし明確にする必要があるのは、危機意識の質的違いである。アメリカに対する中国の危機意識は、なによりも軍事的脅威であった。他方、ソ連との対立は社会主義の正統性や変質（修正主義）の問題であって、国家の存亡に直接関わる軍事的脅威とは明確に区別されねばならない。激しい論争は必ずしも軍事的対立には直結せず、ソ連との軍事的対立が深刻になったのは、むしろ文化大革命が勃発してからである。それまでは、中国に最大の危機意識をもたらしたのは、何よりもアメリカの軍事的脅威であり、朱建栄の画期的な研究[**]（朱 2001）が明確に示したように、文化大革命とベトナム戦争は密接に連関していた。

＊最近では久保 2011 や田中他 2012 など。

＊＊本書のとくに第六章は、この研究に大きく依拠している。朱の著作の意義と問題点については、奥村 2010 を参照されたい。

第三に、冷戦の下ではアメリカとソ連に対する意識が無関係ではありえず、強く連関することである。中ソの最大の対立は世界戦略をめぐるものだから、アメリカの脅威を最大の危機意識で捉えるならば、当然、基本的には対米認識が対ソ認識さらには対ソ関係を強く規定する。しかし、流れによっては逆に対ソ認識が対米認識を変えることもある。後に見るように、一九五〇年代末、フルシチョフ下のソ連に対する認識の変化が対米認識を変え、それがさらにソ連に対する見方を厳しくして、その「修正主義的変質」を深刻に捉えるようになったのが、その例である。

第四に、対外認識とりわけ対ソ認識が国内認識と強く連関することである。中国が社会主義体制を築く過程ではソ連はお手本であったが、その内実がスターリン批判で暴かれると、ソ連を戒めの鑑とする中国独自の建設によれば飛躍的に発展する、という発想を生んだ。その後、一九五〇年代末には、ソ連がアメリカの策動で変質したのならば、中国に対しても同様な策動があり、中国も変質しかねないと考えるようになる。こうした意識構造を背景にすれば、内政上の意見の違いも対外関係と結びつけられ、対外的危機感を強めるとともに、外の勢力に操られた内部の敵の強大化を想定するようになる。これが結局、毛沢東を文化大革命に向かわせるのである。

第五に、従来、文化大革命で毛沢東が劉少奇・鄧小平らを「実権派」として打倒したことから、そこに至る過程も急進派・穏健派の路線対立という図式で描かれることが多かった。確かに、各時期に急進的な動きと相対的に穏健な動きがあり、全体としては毛沢東が急進的だった。しかし、それは必ずしも、二つの対立する流れが人脈的に一貫して存在していたことを示すわけでもない。文化大革命時の毛沢東の説明や造反派の論理から離れて、まず指導者たちに共有されていた意識・認識も理解した上で、個々人の違いやずれを把握する必要があると思う。サブタイトルに「毛沢東主義」という語を入れたのは、現在の史料状況では困難は多いが、毛沢東個人だけでなく、できる限り他の指導者たちも含めて捉えたいからである。

第六に、「意識構造」についても一言しておこう。政治家も含む個々人の行動は状況認識に基づく対応であり、歴史的状況下での毛沢東らの行動を捉えるには、思想よりは認識という語の方がふさわしい。ただ、心理・感情をともなう意識が思想などの回路を通って認識に至るとすれば、意識の構造を重視する必要がある。とは言っても、意識は文献を通して認識や行動から窺うしかなく、認識と厳密な区別はできない。

最後に、本書ではほとんど触れないが、筆者の究極の関心は日本の歴史に対する再認識にある。第一章で明らかになるが、毛沢東時代の社会主義体制は、日本による中国に対する全面的侵略後の歴史の産物だった。言い換えれば、日本の侵略がなければ毛沢東時代もなかった、ということである。これは歴史学ではタブーとされる反実仮想ではあるが、少なくとも侵略は受ける側には必然性はないのであり、その結果生じた大きな変動は、侵略以前の歴史に契機を求めることはできない。また、一九七二年までは日本との国交はなく、したがって、日本が中国に大きな影響を及ぼすこともなかったように思われがちだが、すぐ近くにあってきわめて密接な歴史関係があった国を意識しないわけがなく、国交がないこと自体が、中国にとっては重要な情勢の一つだったはずである。また逆に、同じ冷戦体制の中にあった当時の日本にとっても、中国は実は大きな存在だったはずである。

本書で主要に依拠するのは、毛沢東の比較的近くにおり、有能な経済官僚の一人として多くの政策に関与し、その決定過程をも知りうる位置にいた薄一波の回想録、『若干重大決策与事件的回顧』（薄 2008）である。薄一波（一九〇八―二〇〇七年）は一九二五年に中国共産党に入党し、日中戦争以前は山西省で活動した。その間、一時国民党に捕えられ、劉少奇らの指示によって偽装転向して保釈されたことがある。中華人民共和国成立後は財政・経済や工業・交通の分野で活躍し、財政部長や国家建設委員会・国家経済委員会の主任などを務め、一九五六年には国務院副総理に任命された。文化大革命の時には、先述の偽装転向を追及されて失脚したが、一九七八年に名誉回復し、副総理に復帰した。現役引退後は保守派の長老の一人として、改革派の胡耀邦*や趙紫陽**に批判的な立場をとった。現在の最高指導者である習近平の元ライバルで、二〇一二年に失脚した薄熙来***は、彼の息子である。

＊一九一五―一九八九年。党主席や党総書記として改革開放政策を推進したが、「ブルジョワ自由化」に同情的だとして、一九八七年に失脚。二年後の彼の死が、天安門事件のきっかけの一つになる。

＊＊一九一九―二〇〇五年。国務院総理（首相）として、胡耀邦とともに鄧小平を支える「車の両輪」と称せられた。胡の失脚後に総書記に就任したが、天安門事件で学生らに同情的な行動をとって失脚した。

＊＊＊一九四九年生。大連市の市長・党委員会書記、遼寧省党委員会書記、重慶市党委員会書記などを歴任。

回想録の「前書き」によれば、彼は一九八八年に政治局常務委員会から回想録を執筆し出版することを承認され、上巻が一九九一年、下巻が一九九三年に出版された。ただし、当時の状況から明確には書けなかった部分（第一一章「一九五三年夏季的全国財経工作会議」など）もあり、後に改訂版が出されている。本書では、一九九七年の改訂版に基づいた二〇〇八年版（中共党史出版社）による。この回想録については、「回想録ではあるけれども、リーダーシップ内の対立や抗争をこれまでになく詳細かつ客観的に描いており、貴重な文献である」と評価されている（毛里 2012：巻末 23）。また薄一波自身が「本書は、個人の回想と文書資料を結びつけて検討した産物だ」〈前言2〉というように、執筆には多くの工作スタッフが協力するとともに、「中央弁公庁・中央檔案館・中央党校・文献研究室・党史研究室・『求是』雑誌社・社会科学院工業経済研究所などの部門が便宜や援助を提供し」〈912〉、我々が現在なお見ることのできない多くの一次史料が引用されており、史料的価値もきわめて高い。ただし、経済官僚であることから、国際関係に関する記述はさほど多くはなく、他の研究や史料などで相当補う必要がある。だが、むしろ彼が外交官ではなかったからこそ、言わば実務官僚が国際情勢をどう捉えていたかがある程度わかるし、深く読めば、経済などの国内政策と国際情勢認識との密接な関連も読み取ることができる。

第一章　中華人民共和国成立の歴史的背景

第1節　社会主義体制とは？

本節では後の議論のために、まず中国の社会主義体制に対する一般的な理解の仕方が誤っていることを示し、それが実際に形成されていった過程を見ることによって、社会主義体制の実体を歴史的に明らかにする。誤った理解の仕方というのは、共産党がマルクス主義を掲げていることから、その政策、特に毛沢東のそれを、マルクス主義の理想、社会主義の理念を実現しようとしたものと考えがちなことを指している。しかし、当時の中国とそれを取り巻く国際環境は、現実主義的な者しか政治的に生き残れないほど過酷な時代にあり、毛沢東らもまたそのような歴史の子だった。彼らは過酷な現実に対応しようと模索する中で、無意識のうちに社会主義像も大きく変えていったのであり、当然、それは本来の理念や理想とはほど遠いものにならざるをえなかった。そしてまた、そうした過酷な時代であったことに、日本もまた無関係ではなかったのである。

1　マルクス主義と社会主義への移行論

まず、社会主義体制が掲げる思想と現実の体制との関係についてみておこう。

資本主義が思想というよりは市場原理にまかせて経済が動くシステムであるとすれば、社会主義は本質的に思想であり、資本主義が引き起こす諸矛盾に直面して、ヒューマニズムに基づいて、市場原理に人為的な制約を加えることによって、矛盾を緩和ないし解消しようとするものである。社会主義体制をイデオロギー的に支えたマルクス主義は、多様な諸社会主義思想の一つであり、生産関係（生産のためにとりむすぶ人間関係）に基づく階級間の矛盾と闘争を歴史の基軸に置くとともに、生産力の発展を歴史の動力として捉え、それが生産関係の変革を導いて、歴史を前に進めてきたと考えた。そして労働者に対する資本家の搾取の上に成り立つ資本主義を、最後の階級社会だとする。その基本矛盾を生産の社会化と資本家によるその成果の私的な取得に求め、搾取の基礎にある生産手段を、資本家による私的所有から社会全体のものにする（社会的所有、生産手段の社会化）ことによって、初めてその矛盾が解消される、というのである。乱暴に言えば、これが社会主義への移行であり、社会主義の下での生産力のさらなる発展によって、各人は能力に基づいて働いて必要に応じて取得できるという、理想とする共産主義社会を展望する。ここからマルクス主義に基づく社会主義は共産主義とも呼ばれるのであり、社会主義体制は共産主義を目指すことを看板に掲げていた。（より詳しくは、奥村1999、第一章参照）。

ただし注意すべきは、ここでいう生産手段の社会化とは、平たく言えば、人々がそれを使って生産を行なう土地や機械などの生産手段をみんなのものにするということ、つまりみんなの意思に任せるようにするということであって、国有とは本来別ものだということである。純論理的に考えれば、社会内部に現実に存在するさまざまな利害対立が、きわめて高度な民主主義に基づいて国家によって解消される場合にのみ、国有が社会的所有と一致することになるであろう。それは理想的ではあるが、近づくことは可能であっても達成は困難であり、逆に民主主義が欠如した下での国有は、単に権力を握った集団の所有でしかない。ただし、ナショナリズムに基づく「国民国家の時代」には、国家と社会は切り離して考えにくく、自らが社会の意思を代表すると考える集団は、自分たちが権力を握った国家の所有を、社会的所有と区別して考えることはなかった。

実際の過程をみていこう。マルクス主義の創始者であるK．マルクス（一八一八―一八八三年）も、一九世紀の基本的には所謂産業資本主義段階の人である。したがって、主著の『資本論』で示されるように、彼が行なったのは資本主義の分析が中心であって、社会主義への移行については、そこから導かれる論理的な見通しという抽象的なものしか提示できなかったのは当然であろう。他方で、後にマルクス主義を掲げて最初に社会主義体制を築いたロシアでは、資本主義の発展は西欧に比べて相当遅れていた。さらに、第二次大戦後に社会主義体制を築いた中国やベトナムなどアジア諸地域は、資本主義はあまり発展していなかった。こうした問題は、資本主義の高度の発展から社会主義への移行を展望する、マルクス自身の論理からは説明はできないのである。

実際には、まずアジアの諸地域について言えば、帝国主義の下で植民地にされるか、「半植民地」と言われたりするほど主権がかなり制約されていた所だった。それらの地域で独立や主権の回復のために帝国主義と闘っていた民族主義者の急進的な部分が、ロシアの一一月革命の指導者であるレーニン(一八七〇―一九二四年)の帝国主義論に注目したのである。それが帝国主義を資本主義の最高にして最後の発展段階だとして、帝国主義の打倒と社会主義への移行を展望するものだったからである。帝国主義の抑圧下にあった彼らは、それを民族解放につながる理論として受け入れ、そこから彼の社会主義観も受容して、マルクス主義者になった。ロシア革命がレーニンの理論の正しさを証明したかに思われたのである。つまり、中国などアジアのマルクス主義者は、まずなによりも民族主義者だったのであり、彼らにとっては帝国主義打倒・民族解放が第一で、社会主義は主権を回復した後の遠いはるかな将来の問題でしかなかった。彼らにとっては、当面の厳しい現実に如何に対処すべきかということこそ重要であり、遠い将来の問題は実質的には棚上げするしかなかったのである。

2　ソ連における社会主義体制の確立

実はレーニンもまた、当初は社会主義の体制についての明確な構想をもっていなかった。彼は第一次世界大戦の勃発という「状況の中で……初めてロシアにおける社会主義を考えるにいたった」のであり、「その社会主義のモデルを彼はドイツの戦時統制経済に見出した」のである（和田春樹 1992 : 70）。ドイツの総力戦を遂行するための体制、つまり戦時統制経済の体制を、独占資本が国家権力と癒着した国家独占資本主義だと捉え、革命勢力が国家権力を掌握することによって、社会主義の体制に移行できると考えた。つまり、レーニンの社会主義体制のイメージは第一次世界大戦の産物であり、国家が総力戦を遂行するためにあらゆるものを動員しようとする体制を、マルクス主義的な言語で再解釈したのである。先述のように、本来、理念としての社会主義を実現する手段は生産手段の社会化であり、それは平たくいえば生産手段を社会のみんなのものにし、みんなの意志に任されるようにするということであった。しかし、共産党が全人民の意志を代表するという虚構の建前が、生産手段の社会的所有を国家的所有と同じものだとする錯覚に導いたのである。

ただし、レーニン自身は内戦後に「戦時共産主義」から「新経済政策（ＮＥＰ）」に転換し、近代工業など一部を国有化したにとどまった。ソ連の社会主義体制を確立したのは、後を継いだスターリン（一八七八―一九五三年）であるが、彼はすさまじいばかりの現実主義者になり、けっして理念や理想によって動く人ではなくなっていた。そうでなければ、すさまじい弾圧や内部の権力闘争の中で、政治的に生き残れなかったであろう。そして、社会主義体制化のきっかけは、一九二七年、国共合作の崩壊によって中国を日本に対する盾とするという東の防衛戦略が崩れたことに続いて、イギリスが国交を断絶したことなどによって、ソ連が東西から挟撃されるのではないかという恐怖が社会的パニックを生んだことにある。中国の動きがソ連の社会主義体制化の契機の一つになったことは、現代の事象の国際的連関をよく示している。市民の買いあさりが始まり、秋には農民の売り渋りによって穀物危機が起こり、政府は強制徴発を行なって食糧を確保しようとした（横手 1982）。

こうした緊張状態の下で、翌一九二八年、シャフトゥイ事件が起こった。北カフカースの炭鉱でドイツ人技術者三人を含む五三人の専門家が、ソ連の経済建設の破壊という目標を実行してきたとされ、一一人が銃殺刑を宣告され、五人が執行された事件である（中嶋 1999）。スターリンは次のように演説した。「われわれは内なる敵をもっている。われわれは外の敵をもっている。同志諸君、このことを一瞬たりとも忘れてはならない。……シャフトゥイ事件は、ソビエト権力に対する国際資本と国内の手先の新たなる重大な出撃である」（和田 1992：96）。内と外の「敵」と闘う階級闘争としての「文化革命」が開始され、革命以前からの「古い専門家・知識人」が攻撃・排斥されて、労働者出身にとって代わられていく。そして、軍需と結びついた急激な重工業化が開始され（第一次五カ年計画）、さらに翌一九二九年、重工業プラントの見返りとしての穀物を調達するために、農業の全面的な集団化が強行された（和田 1992、中嶋 1999）。

こうしてソ連の社会主義体制が確立するのであるが、その実体は総力戦に備えて物・金・人などすべてを動員できる体制であった。言い換えれば、国家の防衛のために、国家による徹底した凄まじい搾取や収奪が行なわれる体制だったともいえよう。したがって、その下での経済の発展が、人々の生活の向上には結果しなかったのは当然である。ソ連の社会主義体制とはそのような総力戦の産物であり、だからこそ、一九八〇年代後半、ゴルバチョフ（一九三一年生）が社会主義体制を再生させるためのペレストロイカ（「建直し」を意味する諸改革）を志向し、その大前提としてデタント（国際的な緊張緩和）に本腰を入れて冷戦を解体に導いた時、彼の主観的意思に反して、社会主義体制自体も解体してしまったのである（和田 1992、奥村 1999・2004）。マルクス主義のイデオロギーや概念は、この実体としての徹底した総動員態勢を、合理化する役割を果たした。中国の場合若干異なる点はあるが、後に見るように、毛沢東時代の社会主義体制の実体も基本的には同じである。

3　総力戦の態勢としての社会主義体制

社会主義体制とは、以上のように、本質的には経済的に遅れた地域で形成された全面的な総力戦の態勢だと言えるが、現象から見れば、マルクス主義を奉じる党が国家と一体化して、政治・経済・社会のすべてを、一元的に掌握・運営する体制である。

まず政治について言えば、他の政治勢力の存在を実質的に認めない完全な一党の独裁であり、党内も指導人員が序列化されるとともに、最高指導者はスターリンや毛沢東・金日成らのように、しばしば絶対的な権力を有する。従わないと見なされれば、党員であっても「内なる敵」だとされ、粛清・処刑されるか、[*]「大衆運動」によって処罰・処刑された。[**]経済においては、生産手段は基本的に国公有・国公営であり、党が国家と一体化しているので、実質的には党有・党営である。またいわゆる計画経済の実質は、民間の活動や市場を排除して経済を行政の指令によって動かそうとする、究極の統制経済である。社会においては、人々はみな後に見る人民公社や単位***などに緊密に組織され、揺りかごから墓場まで、労働・消費・教育など、生活のほとんどすべてをこの組織の中で営む。最低限の生活は配給制で支えられるが、個人檔案（文書）や政治運動などによって、個人の思想・行動まで厳しく管理され、内面まで支配される。そして、この政治・経済・社会それぞれの一元的な掌握・運営は、相互に緊密に連関している。経済に私的領域がほとんどないことが、社会における私的行動を困難にし、政治の一元化も可能にしているのである。

＊スターリン時代の一九三七〜一九三八年には、反革命罪で裁かれた者だけで一三四万人余が即決裁判で有罪とされ、六八万人余が死刑判決を受け、六三万人余が強制収容所か刑務所に送られた。

＊＊対象者はそれぞれの所属単位に何%いると、上から下に示されることもあった。

＊＊＊毛沢東時代の都市の基層組織。政府・工場・商店・学校・研究所・文化団体などで組織され、その意味では「職場」であるが、政治・経済・社会・思想のあらゆる面で人々を強く管理し支配した。

では、総力戦がなぜこのような体制を作り出したのか？ そもそも近代の国民国家自体が、国際的な戦争をきわめて重要な契機として成立していた。いわゆる「大航海時代」の後、世界が緩やかに結び付いた一六世紀後半以降、その中心結節点となったヨーロッパにおいて、世界の富が集中した結果であるさまざまな利害の衝突が、宗教対立の衣をまとって多くの戦争を起こした。その一つ、三〇年戦争を終結させたウェストファリア条約によって、国民国家の外枠に当たる領土・主権が国際的に承認された、主権国家が形成され始めた。そしてその後のさらなる国際的戦争のために増大していった物・金・人の動員を歴史的背景として、フランス革命とそれに続く対外戦争が、フランスを最も早く内実としての国民形成をも志向する、国民国家に向かわせたのである（ただし、農民層への国民意識の浸透は二〇世紀に入ってからである）。それがまたフランスに対抗したイギリスだけでなく、ドイツ・イタリアなどの地域でも国民国家を志向させ、統一に導いた。このように、広義のグローバリズムの中心結節点となったヨーロッパで誕生した国民国家は、直接にはグローバル化の果実をめぐる国際的な諸戦争の産物だったのであり、日本の明治以後の国民国家化も日清・日露の二つの対外戦争によって推進されている。

二〇世紀は、世界規模での国民国家の時代だった。ナショナリズムが人々の心を捉えていくとともに、多くのナショナリズムが衝突し、また新たなナショナリズムを生み出した。この過程で、弱者の争奪のために、列強のナショナリズムが世界規模でぶつかりあう帝国主義を生み、帝国主義国同士の総力戦がいわゆる「全体主義」とソ連の社会主義体制を生み、さらに「全体主義」の侵略がアジアと東欧の社会主義体制を生んだのである。なぜなら、二〇世紀の二つの世界大戦は文字通りの総力戦であり、敵に勝利するために可能な限りの物・金・人などを動員しようとし、より一層の「国民的一体化」を求める結果、社会的に「強制的均質化」の論理が強くはたらいたからである。

「強制的均質化」(Gleichschaltung) という概念は、ナチス・ドイツの社会政策の研究で提起され、日本やアメリカの戦時体制を対象とする研究者の一部にも受け容れられて、優れた共同研究が発表されている(山之内他 1995)。山之内靖は次のように記している。

一国の経済的資源のみならず、人的資源までもが戦争遂行のために全面的に動員されなければならなかった。……総力戦体制は、こうして、近代社会がその成立期以来抱え込んできた紛争や排除のモーメントに介入し、全人民を国民共同体の運命的一体性というスローガンのもとに統合しようと試みた。この「強制的均一化」を通じて、社会のすべてのメンバーは戦争遂行に必要な社会的機能の担い手になること、このことが期待されたのであった。総力戦体制は、社会的紛争や社会的排除(=近代身分制)の諸モーメントを除去し、社会総体を戦争遂行のための機能性という一点に向けて合理化するものであった。(山之内他 1995:11–12)

山之内らの研究は、近代化が既に進んでいたアメリカ・ドイツ・日本を対象にしたものだが、筆者はこの議論はより後進的な地域にも適用できると思う。なぜなら、より後進的な国家が先進的な国家と長期に戦う場合には、より一層の動員を図らねばならず、そうすればこの「強制的均質化」の論理がさらに強く作用するはずだからである。アメリカやイギリスに対する日本やドイツの場合も同様で、後者はそれ故に「全体主義」と呼ばれるものになったのである。しかしこのいわゆる「全体主義」の場合でも、その経済は民間部門を広範に残し、したがって市場経済も残したもので、「私的な経済行動」を完全に否定するものではなかった。これでは経済的格差は完全には解消されず、社会的な均質化にもおのずと限界がある。

筆者はソ連や中国の社会主義体制は、徹底した動員のために「強制的均質化」が極限に達したもので、個々の人々を公的な組織にきっちり組織し、生産や消費も基本的にその組織内で行なわせることによって、経済的格差をも最小限にしたのであり、そうした政策がマルクス主義の思想によって合理化されたものだった、と考える。しかし、その体制による支配は人々の内面にまで及んで行動を自己規制させ、「全体主義国」と呼ばれた日本やドイツ以上に、徹底的に「私」や「個」を認めぬ、全体主義的で抑圧的なものにならざるをえなかった。ある意味では、思想としては社会主義を掲げながら、実体としては党＝国家が政治・経済・社会のすべてを一元的に支配する、「超国家主義」[*]以上の国家主義になってしまったとも言えよう。

＊丸山眞男「超国家主義の論理と心理」『増補　現代政治の思想と行動』、未来社、一九六四年。原論文は一九四六年に発表。

第2節　一元化の開始――日中戦争

そのような社会主義体制は、一朝一夕にできるものではない。政治・経済・社会が国家や権力の下に一元的に掌握されていった過程をみると、中国においては、一九三〇年代の日本による侵略以後に次第に形成され始め、戦後の国共内戦によってさらに進展し、中華人民共和国がそれを相続して朝鮮戦争以後に確立させたことがわかる。以下、中華人民共和国の成立までの過程を、ごく簡単に見ておこう（より詳しくは奥村1999や2004の第一〇章「中国の資本主義と社会主義」などを参照）。

1　経済の一元化の開始――工業の国公営化と統制経済化

日本が全面的に侵略する以前には、中国では国民政府の下で徐々に民間部門を中心とした資本主義化が進みつつあり、経済への国家の関与は大きくはなかった。しかし、一九三一年に日本が満州事変を起こし、中国から切り離した東北において、関東軍が主導して経済統制と半官半民の特殊会社（その代表が満州重工業開発会社）による重工業建設を進めた。その結果、東北の経済構造は大きく変化し、重工業化が急激に進むとともに、日中戦争後にそれらを接収した国民政府の下で、工業総生産額の大半を国公有工業が占めるようになった（奥村 2004、第一〇章。一九四九年には八七・五％）。中華人民共和国になって、中国の社会主義体制化を東北が先導したのは、すでにその基礎が作られていたからであって、けっして偶然ではない（奥村 2004、第一〇章）。

そして、日本は一九三七年に中国に対する全面的な侵略を開始し、これに対して、国民政府は西南部の内陸にある重慶を臨時首都として日本に抵抗した。抵抗を続けるために、政府は兵士や労働力として多くの民衆（そのほとんどは農民）を動員し、食糧などを徴発するとともに（天野 2007、笹川・奥村 2007）、経済的に遅れた西南や西北の奥地を開発していかねばならなかった。重工業建設の中心となったのが国家機関の資源委員会であり、それが鉱工業の主要な部門を掌握するようになった。また、財政難や日本の封鎖が深刻なインフレを招くとともに、戦時の巨大な需要と脆弱な供給力が、必然的に買占めや投機を生む。そうした困難な抗戦経済を市場原理に委ねるわけにはいかず、統制が食糧や重要鉱産物、綿花・綿糸・綿布といった必要物資から始まって、次第に経済全般に及んでいった。

以上のような、日本の侵略後に東北と大後方で進展した国家の経済への強い関与と重工業化は、社会主義イデオロギーとはもともと関係のない、総力戦のための総動員の産物である。したがって、主体や内容に違いはあるが関内の日本占領下でも見られ、規模は問題にならないが共産党支配下でも類似した状況が現れている。

2　社会の一元化の開始(1)――国民党統治地域

ほとんど個や私を否定するような緊密な社会統合も、社会主義体制を構成する基本的な要素の一つである。問題は、それが伝統社会とはある意味で正反対だということであり、その形成過程を辿らなければその歴史的特質も理解できない。

近代以前の中国では、多様な社会集団が存在する中で、国民国家の基礎になる地縁的・重層的な組織性は、日本と比べると相対的に弱い社会であり、これに対応した王朝によるルーズな支配がなされていた。人々は集落や市場圏などの地縁的関係、宗族などの血縁的関係、土地・水利などの生産に関わる人間関係、あるいは秘密結社など、さまざまな諸社会関係の中にあるが、いずれも日本のムラのような人々の生活を強く規制する帰属集団ではなく、個人は時・所・場合によって集団を選び、あるいは新たに組織して行動していた。王朝は皇帝の耳目・手足である官僚を各地に派遣したが、末端の統治機関である県レベルでは、数十万人の人口をせいぜい数十人のよそ者である知県や幕僚たちが、数年の任期で統治していたにすぎない。そのため、実務は胥吏らの請負に委ねざるをえず、できることは最低限の徴税と治安の維持だけであった。近代以後、商品経済と都市の発展、さらには科挙の廃止、あるいは軍閥割拠などによって、地域社会も当然次第に変化していったが、農村の基層社会においては、日中戦争以前は全体としてはきわめて緩慢な変化でしかなかったといえよう。これは、国民国家の建設の要である、地域住民の国民化の遅れということでもある。国家や権力が新たな政策や制度を打ち出しても、それを社会の末端において実施すべき基盤はきわめて弱体であった。

日中戦争が、こうした状況を大きく転換させる。はるかに強大な日本に対して抵抗を続けるには、中国は総力をあげて膨大な物・金・人を動員していかねばならなかった。このためには基層社会のルーズな支配とナショナリズムの弱さが克服されねばならないが、それは国家と社会の根本的な変容を意味し、いいかえれば、きわめて急激な国民国家化が要請されたということである。

一九三九年から国民政府が実施した新県制と戸籍の整備は、地縁を基礎に人々の重層的な組織化をはかったものである。新県制とは、県の人員や財政力を強化し、その下の郷（行政村）・鎮（町）を行政機構として確立して郷長・鎮長ら数人の専任の行政人員を置くとともに（平均二〇〇〇戸強を管轄）、一〇〇戸前後の保、その下の一〇戸前後の甲を郷・鎮の細胞として位置づけ、上から下に順に行政のノルマを課していく、というものである（新県制については、天野

2007が詳しい)。末端の保長が管轄する一〇〇戸程度というのは、人々が互いに顔見知り程度にはなれる範囲であり、これによって基層社会は国家権力の意思の下に置かれ始めたのである。

この新たな行政機構を通して、大量の食糧などの物資や金銭が基層社会から徴発された(天野2004・2006)。食糧徴発では、一九四一年からの四年間で約一二五〇万トンの穀物が徴発されたが、この数字には財政難に苦しむ県以下の統治機構が賦課した雑多な臨時徴収(攤派)は含まれていない。多くの人間も動員された。戦争中に約一四〇〇万人が徴兵されただけではなく、遅れた奥地のインフラ建設などのために、多くの労働力が徴発された。大後方の中心であった四川省では、交通路の修築に二五〇万人以上、空軍基地建設に約九〇万人が動員された。この労働力動員は当初「国民工役」と呼ばれたが、一九四四年以後は「国民義務労働」と改称され、地域ごとに各年度の動員と建設の計画がたてられ、遂行状況が報告された。人海戦術による建設は、けっして共産党に固有のものではなかったのである。

このように大量の人間を動員していくためには、個々人が把握されねばならない。戸籍の整備が叫ばれるとともに、内戦期の一九四八年になると、個々人を緻密に掌握するために、五つの指紋といくつかの重要な個人情報を記載した国民身分証を、一人ひとりに発行するという計画さえたてられていた(奥村2008)。

以上のような大量の物・金・人の強引な徴発が、当然ながら、矛盾なく行なわれるはずはない。それまでの国民国家化の低さと、その背景にある生産力の低さによって、無理な総動員がきわめて深刻な社会の階層的・地域的な利害対立を生み出していくことになる。徴兵では、「国のために命を差し出すのが当然」という社会的合意は弱く、非常に多くの者が手段を尽くして逃れようとしたため、数合わせの替玉を得るための壮丁の拉致や「売買」が日常的に行なわれた。食糧の徴発は、田賦（土地税）の現物納入化と強制買上・借上によって行なわれたが、前提となる土地台帳の整備を厳密にできなかったため、必然的に負担をめぐる大きな不公平を生じさせた。そして、有力者の多くが様々な力を背景に徴兵・徴発を逃れようとしたことから、その矛盾はほとんどが金も力もない弱者に転嫁されることになる。そのため、多くの弱者の家庭が崩壊し、餓死や流浪に追い込まれ、匪賊が激増する一方で、有力者たちは地域社会で浴びる不満と治安の悪化のため武装し、「悪覇」（悪質な地域ボス）として君臨するようになり、急激な「両極分化」が進行する。それは総動員を困難にし、ひいては戦争遂行を不可能にしていく（笹川・奥村2007）。

国民政府もこうした事態を放置できず、さまざまな措置を講じて戦時負担の公平化を実現しようとした。「たとえば、出征軍人家族の援護事業による兵役負担者への社会的支援、兵役を免除されていた知識青年（多くは有力者の子弟）を対象とした従軍志願運動、地域住民の代表による末端行政の監視や負担配分の適正化をめざした各級民意機関の設置、戦時負担を回避している富裕者に標的を絞った収奪の徹底の試みなどである」（笹川・奥村 2007：253）。しかし、いずれも期待した成果をあげることはできなかった（同、第3部参照）。これが後にみる、戦争末期の動員力の低下を導いていく。

3　社会の一元化の開始(2)――共産党統治地域

他方、状況や程度に差異はあるものの、多くの物・金・人を動員し続け、そのためには「負担の合理化」をはからねばならない点では、共産党も同じであった。共産党は本来農村に対しては、居住者を基本的に「地主」・「富農」・「中農」・「貧農」・「雇農」（以下「」をとる）のどれかに階級区分し、貧農や雇農（両者を貧雇農と一括することが多い）を組織して地主とされた者から（時には富農からも）土地を没収して分配する、土地改革の実施を掲げていた。しかし日中戦争勃発以後は、国民党と合作をするため、土地改革は実施しないことになった。その上で、どのようにして物・金・人を動員しようとしたのか？

ある事例（山西省黎城県）では、「村人たちは、共産党の根拠地政府に田賦や公糧［徴発食糧］

を納めるほかに、『反掃蕩』のために新たな負担を強いられた」。ただし共産党は、「村で新しい政権ができると、ただちに『負担の合理化』に着手した」。「地主、富農は主に金と食糧を出し、貧農や小作は主に力を出す」ようにし、「事実上少数の地主や富農がほとんどすべての『公糧』を負担することになった」のである（黄 2007：226）。また、後に見るように、共産党は農民たちを「減租減息」（小作料や利子の減額）や「漢奸」（漢族あるいは中国人の売国奴）らに対する「古いツケの清算」（「過去の悪行」を糾弾して金や物で清算させる）などの「大衆運動」に組織したが（後述）、その結果多額の罰金を課せられた有力者たちは、最後には土地を手放さざるをえなかった（田中 1996）。そうした結果、「地主、中農の一部が下降し、中農が大幅に増加し、貧農が大幅に減少」（黄 2007：217）する情況が起こったという。これは迂回路を通った、事実上の土地改革に他ならない。

要するに、総力戦を支える物や人のほとんどが農村から供給されねばならなかった段階にあっては、近代化を目指す都市型政党という性格を脱却しにくかった国民党よりも、もともとは同様に都市型政党だったが、国民党による弾圧によって山間部などの農村に逃れ、基層社会での工作の経験を積んでいた共産党の方が、農民を組織する総動員に適合していたのである。また、農業生産力が低い下での長期の過酷な総力戦が、社会の利害対立を生存に関わるまでに深刻にし、他方では、社会的に相当のコストや時間と経験を必要とするために民主主義は当面不可能だとすれば、戦争状態が続く限り、結局はこの利害対立は社会の少数者である富裕層を暴力的に抑圧して負担の均等をはかるしか、解決の道はなかった。その点でも、社会の厳しい緊張を前提として、階級闘争論に依拠して個々人に「敵になるのか味方になるのか」の二者択一を迫り、多数を組織して少数を孤立させていこうとする共産党の方が、はるかに「負担の合理化」を実行しやすく、富裕層を敵として認識させるために、「過去の悪行」が持ち出された。これらについては後にまた触れるが、ともかくこうして共産党は事実上の土地改革を行ない、日中戦争の後半に勢力を拡大させていったのである。*

＊筆者の前著『中国の現代史』(奥村 1999)では、「共産党はどのようにして民衆の協力を得たのか？」と問い、日本軍の侵略の下で行なわれたさまざまな残虐行為が、農民に「自分たちの故郷を守れという意識をもたせ」たとし、それを「素朴なナショナルな感情」と表現した(九八〜九九頁)。そのような人々もいたが、基本は共産党に対する「農民の支持」ではなく、共産党による「農民の支配・掌握」なので、この記述は明らかに誤りである。

4 政治の一元化の開始——共産党統治地域

中国共産党は一九二一年に、モスクワに本拠を置く言わば世界共産党ともいうべきコミンテルンの、中国支部として成立した。重要な決定はコミンテルンでなされ、各国・地域の共産党はそれに従う。したがって各党内では、コミンテルンの代表が大きな発言権を持つことになる。

さて、共産党の自己規定は、変革の担い手である労働者階級の最前線で指導する党（前衛）である。ただし、日中戦争以前には、資本主義は徐々に発展しつつあったが、まだ人口の大多数は農民であり、近代産業に従事する労働者は多く見積もっても二〇〇万人くらいで、人口の一％にも満たない。しかもその多くは、共産党の影響下にはなかった。実際には国民党と同様に、都市のインテリの党として出発したのであり、日中戦争以後になって農民出身の党員が増加したのである。後の数字であるが、党員中に占める農民出身者の割合は、一九五一年半ばで八〇％、その三年前には九〇％に近かったとされている。したがって労働者階級の前衛というのは、共産党の理念ではあったが、実態ではなかった。それでもこの理念は一人歩きし、共産党支配の正当性の根拠になった。

マルクス主義においては、西欧式の議会制度もまたブルジョアジーが政治的支配を維持する手段であった。階級支配がなくなって初めて真の民主主義が実現するのであり、それまでは労働者階級が指導する変革でなければならない。労働者階級の指導とは、つまりは前衛たる共産党の指導である。こうして理論的には、階級対立がなくなるまで、あるいは共産主義が実現するまで、共産党の指導が続くことになる。実際には、中華人民共和国を建設する前のほとんどの時期において、共産党は国民党より劣勢であり、このために国民党の指導性を認めるか、国民党に民主主義を要求する立場にあった。だから、上記の論理が一人歩きすることはなかったが、中華人民共和国の成立後はこれが半永久的な一党独裁を合理化する論理となるのである。

　共産党の内部もまた、必ずしも民主的ではなかった。民主集中制を原則としていたが、そもそもコミンテルンという権威（実質的にはソ連共産党）の指導を受ける党であり、このためコミンテルンの中国代表が大きな権威をもった。また過酷な弾圧に耐えるためにも、民主よりも一枚岩的な集中が優先されがちであり、他方で各地に軍事的に割拠したこともあって、内部の権力闘争もまた熾烈であった。こうした中で、いわゆる「長征」の過程で毛沢東*が中国共産党の最高指導者の地位に就くが、コミンテルン代表だった王明**の権威もなお無視できず、また北上に反対して軍を分裂させた張国燾***らのような、独自の動きも存在していた。

＊一八九三―一九七六年。創立以来の中共党員。「長征」途上で党の最高指導者の地位に就き、日中戦争中の延安での整風運動によって、その権威を確固たるものにした。中華人民共和国の成立以後も、党や軍事委員会の主席を務め、死ぬまで絶対的な権力を保持した。

＊＊一九〇四―一九七四年。本名は陳紹禹。コミンテルンの中国代表だったが、後述の延安での整風運動によって実権を失った。一九五六年にソ連に事実上亡命。

＊＊＊一八九七―一九七九年。中共創立（一九二一年）以来の党員で、一九三五年「長征」の途上で一部の部隊を率いて南進したが失敗し、翌年中央軍に再合流。一九三八年に国民党に転向し、中共から除名される。

日中戦争は、共産党内の権力関係にも大きな変化をもたらした。コミンテルンとの関係が稀薄になり、中国共産党が独自性を強めることになったのである。日本の動きを警戒するソ連は、国民政府の抗戦を支援し、中国共産党への関心を低下させた。またドイツによるヨーロッパでの緊張は、ますますコミンテルンの中国共産党への関与を失わせていった。そして独ソ戦が始まり（一九四一年六月）、ソ連が米英とともにドイツと戦うようになると、米英の猜疑心をなくすために、ついにコミンテルンは解散した（一九四三年五月）。

以上の過程は、中国共産党からすれば、コミンテルンの重しがとれたと同時に、孤立に追いやられたことも意味する。コミンテルンを背景に毛沢東とライバル関係にあった王明らの権威は低下し、毛沢東の地位は揺るぎないものになった。そして、過酷な抗戦に耐えるべく、党のさらなる一枚岩化、権力の一元化がはかられる。国民党軍が共産党の新四軍を奇襲攻撃して大打撃を与えた新四軍事件（一九四一年一月）以後、国民党との関係も嫌悪になり、国民党軍の威嚇も受けていた。こうした中で、日本と国民党という二つの包囲に対抗すべく、「スパイ」を摘発し党を浄化するために、一九四二年二月から「整風運動」を展開した。これは毛沢東思想という個人名を冠するものを指導理念とし、その学習を党員に強制して「不純」とされた者を粛清するもので、毛の絶対化とそれによる一元化がここから始まったのである。一九四三年三月、中央政治局会議は、毛沢東に最終的決定権を認めることを内部決定した。そして終戦直前の一九四五年四〜六月に開催された第七回党大会で、党規約に「中国共産党はマルクス・レーニン主義の理念と中国革命の実践を統一した思想、毛沢東思想を自らの全ての指針とする」、という記述を加えたのである。

第3節　中華人民共和国の成立

1　国共内戦

長期の困難な日本への抗戦に、やっと「惨勝」と呼ばれるような終止符を打ったばかりの中国に、またすぐに重い暗雲が立ちこめていた。日本の侵略は国民党による統一を破壊し、その結果、共産党が独自の軍と華北を中心とした広大な支配地域、そしていくつかの地方政府を擁していた。その両党が戦後の中国の政治体制をめぐって対立したのである。

主要な対立点は次の三つである。一つは、共産党が支配している辺区を、どのようにして国民政府の下に統合するかである。二つ目は、国共両党がそれぞれ実質的に党の軍を支配している状況を、どのように国家の軍として一本化するかである。三つ目は、国民党の一党独裁となっている国民政府を民主化し、共産党など他党派が加わるようにする問題である。戦後中国に大きな影響力をもった米ソ両国とも、内戦を避けるべく働きかけたこともあって、国共両党の話し合いが行なわれ（重慶会談・双十協定）、曲折をへながら、一九四六年一月の政治協商会議で一応の妥協が成立した。しかし両党の相互不信は拭えず、結局国民党側がこの妥協を否定して、単独で憲法を制定する動きを見せたことから、全面的な内戦に向かっていくことになった。

内戦はアメリカの援助もあって、当初圧倒的に国民党が有利で、共産党の本拠地だった延安も陥落した。しかし、一九四七年半ば頃から次第に戦況は逆転していき、翌四八年九月からの遼瀋・淮海・京津の「三大戦役」によって、共産党の勝利が決定的になった。こうして国民党は台湾に追いやられ、一九四九年一〇月一日、現在の中国である中華人民共和国が成立するのである。

2　共産党の勝利の要因――国民党軍の自壊

共産党の勝利は、なによりも軍事による勝利であったが、先述のように、「三大戦役」以前に軍事情勢は大きく逆転していた。一九四七年六月段階で、共産党軍の兵力は前年の一二〇万人から一九五万人に増大した一方で、国民党軍の兵力は四三〇万人から三七三万人へと減少していたのである（天児 2004：91）。その大きな要因は、国民党軍から大量の兵士らが逃亡し始めたことで、共産党側は自身の兵士の逃亡も少なくなかったが、国民党軍の逃亡兵の多くを吸収して次第に優勢になり、最終的に軍事的勝利につながったのである（阿南 2019）。乱暴にいえば、むしろ国民党軍が戦線を維持できず自壊していったのであり、それがそれまでなんとか苦戦に耐えてきた共産党を勝利に導いたともいえよう。

実は国民党軍の崩壊の兆しは、日中戦争末期に既に現れていた。先述のように、国民政府は日本に抵抗し続けるために、四川を中心とした大後方で徴兵制を実施し、また物・金・人などを可能な限り動員するために新県制を実施した。これによって政府は多くの兵士や食糧を徴発したが、無理な徴発が深刻な諸矛盾を生み出すとともに（笹川・奥村 2007）、急激に肥大化した統治機構も経済危機や悪性インフレの中で弛緩・変質していった。笹川裕史が提示した統計（笹川・奥村 2007：3–4）によれば、徴兵・食糧調達のいずれも一九四三年から減少しており、これ以後動員能力が低下していったことを示している。大量動員の継続が困難になってきたのであり、それが翌四四年の日本の大陸打通作戦に対する惨めな敗北に現れた。戦後、国民政府は全土を統治することになったが、いまだ安定した統治機構を確立できず、また長期の抗戦による深刻な打撃から回復しないまま、共産党との内戦に突入してしまったのである。経済危機がさらに深刻になり、インフレもさらに悪化する中で、四川など遠方から動員された者が多い兵士たちへの待遇も悪化する一方で、彼らの不安を極度に高めていった（内戦期の社会状況については、笹川2011参照）。

他方、共産党は逆に日中戦争期に勢力を拡大した。国民政府軍が存在しなくなった西北の延安を本拠に、主に華北の山岳部や日本軍が支配した「点と線」の間隙でゲリラ戦を展開して、日本軍を消耗させた。その際先述のように、支配した地域で実質的な土地改革を行なうことによって農民を組織し、兵士や食糧を調達したのである。国民党との合作のため、共産党は土地改革を停止して「減租減息」（小作料と利息の減額）運動によって農民を組織しようとしたが、零細な自作農が多い華北では当然うまくいかず、むしろ有効だったのは、並行して行なわれた「古いツケの清算」運動だった。それは、①汚職、②黒地（隠し田）、③悪覇（悪い地域ボス）、④奸（漢奸）、という悪徳行為に反対する各運動の総称で、これらの過去に行なわれた悪徳行為（古いツケ）の清算を迫られた者は、多くは大土地所有者層であった（田中1996）。彼らは共産党が組織する大衆集会で吊るし上げられ、悪徳行為を動産や不動産の供出によって償わねばならなかった。人々は集会に参加して「悪徳行為者」を糾弾しなければ、逆に彼らの味方だとみなされて闘争の対象にされかねなかった。さらに、闘争の果実は村で統一分配されるが論功行賞的色彩が強く、運動に積極的に参加し、被糾弾者を増やせば増やすほど、手に入る果実は多くなる。

こうして社会は分断され、個々人が党から「敵になるか味方になるか」の二者択一の選択を迫られ、相互に監視しあい、運動に参加して身の潔白さを証明し、少数の「内なる敵」を共同で抑圧する多数の「味方」の体制が村を支配し、それを共産党が掌握していったのである。他方で、悪徳行為の代償として最後には土地が供出されることになる。これは事実上の土地改革であり、それによって農民たちは共産党を支持したというよりは、党に支配され、党に従わざるをえなくなったのである。また階層もかなり平準化されることによって負担が均等に近づき、経済的にも兵士や食糧の徴発も続けやすくなる。これは経済面での「強制的均質化」現象であり、それによって共産党は国民党とは逆に、特に四三年以後にその勢力を拡大していったのである。戦争初期には一〇万人程度にすぎなかった兵力は、戦争が終結した四五年には一三〇万人程度にまで達していた。

3　主要戦場の東北

ただし、事実上であれ土地改革を行なうには大前提があり、その付近に軍事的に対抗する勢力が存在しない、「安定した領域」であることが必要だった。そうでなければ、運動を展開しようとしても、農民の多くは他人から土地を奪うことに本来消極的だったし、共産党軍が撤退した後に「内なる敵」とされた人々から報復されることも恐れて、抵抗したり逃亡したりし、逆に彼らを「敵」に追いやる可能性も強くなるからである。日中戦争以前には、共産党は江西省南部の山間部などに拠点を築いていたが、国民党軍の包囲・攻撃が強まった結果、まだ国民党の支配が弱かった西南奥地を通って西北に拠点を移さざるをえなかった（長征）。しかし、日本軍の侵入は国民党軍を駆逐したが、華北でも重要拠点の「点と線」の支配しかできなかった。しかも太平洋戦争の勃発以降、軍の主力が引き抜かれて南方に投入されていった。こうしたことによって、戦争末期に日本軍が弱体化するとともに、共産党軍が急成長したのである。

戦争の最末期、東北にソ連軍が入り、日本の降伏とともに東北を占領した。共産党軍はいち早く東北に入ったが、国民党軍はソ連の妨害によってかなり遅れることになった。翌四六年にソ連軍が撤退すると、東北の支配をめぐって両者の対立が激しくなり、結局国共の全面的な内戦になったのである。その主戦場が東北だったことが、共産党にいくつか有利な状況をもたらした。

一つは、撤退するソ連軍が旧日本軍から押収した武器などを遺棄し、それがかなり共産党の手に渡ったことである。アメリカの援助によって、国民党軍の装備は共産党を遥かに上回るものであったが、共産党軍の装備もかなり改善されたのである（飯塚2014・2015）。通信器具なども同様だった（梅村2015）。しかし、装備の問題以上に、東北が広大であり、しかも当時は西を除いた三方を、ソ連・モンゴル・北朝鮮という共産党の兄弟党が支配する地域に囲まれていたという、地政学的位置が大きい意味を持ったであろう。共産党はこれら諸国・地域から、穀物などを見返りにしてかなりの必要物資を調達できたし、必要な時には越境・逃亡することも不可能ではなかった。

これに対して、「満洲」軍閥の張学良*が国民政府の傘下に入って（「易幟」。一九二八年）から満州事変（一九三一年）まで数年にすぎず、国民党はもともと東北での基盤は強くなかった上に、日中戦争終了時には遠い四川に身を置いていた。国民政府は全面的内戦の直前の四六年五月にやっと南京に帰還するが、戦時中から膨張し弛緩した体制を引き締め直す余裕もないまま、中央政府として全国の復旧をはからざるをえなかったのである。そうした中での東北での戦闘は、戦線を大きく引き伸すことになり、軍事的にも不利な配置を強いられることになった。事実、戦争初期には共産党軍を圧倒して多くの地域を占領したが、ハルビン近辺などの北部（所謂「北満」）などは制圧できなかった。ここに共産党にとっての「安定した領域」が存在し続けたのであり、まず旧「満洲国」の軍や警察、「匪賊」、地方武装勢力などを吸収し（門間 1997）、ついで土地改革などの「大衆運動」を行なって食糧や兵士の徴発を継続し（大沢 2019）、国民党の攻勢に耐えてその自壊を待つことができたのである。

＊一九〇一―二〇〇一年。日本軍による張作霖爆殺（一九二八年）後、亡父の支配地を継承。一九三六年には第二次国共合作につながる西安事件を起こした。

さらに言えば、東北には他地域よりも、土地改革など共産党が「大衆運動」をしやすい条件があった。先述した日中戦争期の「古いツケの清算」の④「反奸運動」は、日本に協力したとされる「漢奸」に反対する運動であるが、戦争末期の「一九四四―四五年にめざましい拡大をみた新解放区において、もっとも有効な農民動員の方法として反奸闘争が展開され、これが土地改革の突破口にな」ったとされている（田中 1996）。東北は一九三一年の満州事変以来日本の支配下にあり、都市においても農村においても、国民党が依拠すべき上層の階層で、日本との関係がない者はいなかった。その結果、彼らを漢奸だとして吊るし上げる材料に事欠くことはなかったのであり、共産党にとって最も下層民衆を組織しやすいところだったのである。日本人が経営していた農地や工場・商店などもあり、運動の果実も他地域よりはるかに多かった。

4　一元化の進展

国民党と共産党がそれぞれの総力を挙げて戦った内戦は、日中戦争下で始まった政治・経済・社会の一元化への動きをさらに促進した。まず経済においては、日本の降伏後、国民政府は中国に残された日本資産を接収した。このうち、東北・華北の主要な重工業・鉱業や台湾の製糖業は国有とされ、資源委員会に任された。ある推計によれば、その資産価値は戦争が開始された一九三七年の幣価換算で三三億元近くにのぼり、近代企業創設以来一九三六年までの中国人資本総額の二・三七倍に相当するという。軽工業部門でも、旧在華紡は中国紡織建設公司（中紡）、旧華中蚕糸公司は中国蚕糸公司と、それぞれ国営企業に委ねられ、製粉業も一部が国営にされた。こうした日本資産の没収によって、中国全土にわたって、国家は近代的鉱工業のかなりの部分を直接掌握することになったのである。

統制の方は、終戦によって一度は解除の方向に向かった。しかし、無秩序な接収や行政院長（首相に相当）の宋子文（一八九四―一九七一年）による自由主義的な経済政策の失敗もあって、経済の復興は遅れ、全面的な解除はできなかった。そして内戦が本格化したことによって、悪性インフレが進み、逆に全面的な統制が全国に拡大されることになったのである。内戦に勝利した共産党は、このような国公有資産や全面的な統制をも、引き継ぐことになった。

政治においては、共産党が内戦に軍事的に勝利したことによって、国民党に反対した共産党以外の所謂「民主諸党派」も共産党による指導を承認し、政党としての実質を失った。そして、共産党内での毛沢東の権威も、正しい指導によって勝利を導いたとして、さらに高まることになる。

他方、社会の一元化の進展は、政治・経済に比べれば遅れていた。共産党は中国本土を制圧したが、土地改革は内戦期には東北と華北の一部で実施したにとどまった[*]からである。ただし、ここで注意しておきたいのは、土地改革などの「大衆運動」は単に民衆を組織するだけでなく、党の組織にも常に改編を迫るものだった、ということである。たとえば、「毛沢東を中心とする中央レベル指導者は、〔一九〕三〇年代初頭に毛沢東が掴みとった〔華中の〕江西農村社会に対する認識を土地改革政策の根拠にしていた」（三品 2017：290）。それは当然、東北や華北の現実とは大きなズレがある。土地改革を実施するにはまず人々の階級区分が必要だが、その基礎となるべき「生産関係」は、広大な中国の気候や地理的・社会的条件を背景に、実際にはきわめて多様であった。太陽の照射量が少なくなる北方では畑作が中心で、大土地所有者は土地生産性の高い華中・華南の水田地域に多い寄生地主ではなく、自ら経営するか、役畜や大農具あるいは種子などを貸出すなど、農業経営に関与する者が多かった（これに対応して、貧しい農民も多くは小作人ではなく、零細自作農か雇農だった）。にもかかわらず「地主階級」として一括するその基準は、相対的に広い土地を所有している以外には、肉体労働をしているか否か（富農との違い）くらいで、「生産関係」の重要な要素であるはずの経営の問題はまったく含まれていなかった。したがって先述のように、小作人が少ない華北では、小作料の減免である「減租」が大衆動員に有効であるはずがないが、日中戦争期にその徹底が図られたのは、ともかく農民を動員しなければならなかったからである。内戦期には動員のために一層「階級闘争」がなされねばならず、そのために「階級区分」は恣意的にさえなった。

＊内戦期の土地改革については、田中 1996・三品 2003・角崎 2010a・王 2013・丸田 2017 などを参照。これらの研究が出される以前には、土地改革によって共産党は貧しい農民の支持を得たとされてきたが、そうであるならば、農民にとって土地喪失に等しい集団化によって、支持は失われるはずである。このような、ある政策に基づいて党や個人を支持するというのは、市民社会的発想である。こうした発想ではなく、農民に対する支配と戦時「負担の合理化」いう観点で初めて、その後の集団化への動きも理解できると思われる。国民政府側でさえ、内戦の最末期には一部の地域で農地改革を志向していたのである（山本 2006、笹川 2013）。

また、土地改革が農業生産力の発展をもたらすのは、基本的に家族労働力によって安定した農業経営を行なえる小農民経営が普遍的になっていた場合であり、日本の農地改革はそのような情況の下に行なわれている（野田 2013）。中国の場合はまず、男子均分相続によって、過小農化する傾向が強かった。また、水田よりも土地生産性が低い淮水以北の畑作地域では、再生産のためには水田地域よりも広い土地を耕作せねばならず、安定した農業経営には畜力やそれを前提にした大農具を備える必要があったが、貧しい農家には不可能である。このため小作人から地代を取るだけの寄生地主制は発展しにくく、これらの地域の大土地所有者は、畜力や大農具を備え労働者を雇って自ら経営したり、また他の農民にそれらや種子を貸付けたりするなど、農業経営に強く関与する者が多かった。したがって、特に華北や東北の土地改革では、逆に経営が不安定な農民を大量に生み出すことになり、生産力はむしろ低下する場合があった（角崎 2010b など参照）。

こうした情況に、党員や幹部も翻弄されざるをえない。動員がうまくいかなければ、指導の側に問題があるとされ、地主や富農らが紛れ込んだ不純分子だとして、「大衆運動」で打倒されることもしばしばあった。他方で、運動での「積極分子」が党員や幹部に続々と登用されている。したがって、党員や幹部の地位もまたきわめて不安定で、彼らは上級に忠実であることを常に行動で示さねばならなかった（丸田 2017）。このため、「基層幹部の従属性と上級組織による操作性はこの時期確実に上昇した」（三品 2017：310）が、その上の幹部にとっても事態は同様で、その結果各層の幹部に上への迎合と忖度が蔓延ることになり、それが究極的には毛沢東の絶対的な権威を支えることになる。社会の一元化は政治の一元化とも密接に関わっていたのである。

第二章　急激な社会主義体制化と指導部の対外危機意識

第1節　「新民主主義」と国際情勢認識

1　社会主義は遠い将来

中華人民共和国成立当時の毛沢東ら共産党の指導部は、中国は帝国主義の抑圧のために近代化が遅れ、社会主義を実現するための社会的・経済的な基盤が弱いために、すぐに社会主義に移行することはできない、と考えていた。このため建国後しばらくは、そうした基盤を確立するためにまず土地改革を行ない、「民族的」だと認定した民間企業（「民族資本」）や土地改革後の個人営農を含む各種の経済を、国営経済の指導の下で併存させながら工業化していくという、「新民主主義」（以下「」をとる）政策を実施せざるをえない。そのようにして初めて、社会主義への移行が開始できるのだ、というのである。マルクス主義の理念から考えれば、社会主義は資本主義の諸矛盾を克服して人々を政治的・社会的・経済的な抑圧から解放するとともに、さらに各人がそれぞれ能力に応じて働いて必要な物はいくらでも受取れるという、共産主義という理想社会につながっていく以上、社会主義を実現するには相当の生産力が前提になるはずだったからである。

一九五〇年六月二三日、中国人民政治協商会議*の全国委員会で、毛沢東は次のように語っている。

戦争の関所と土地改革の関所さえ越せば、いま一つの関所は容易に越せるであろう。それは社会主義の関所、つまり全国的な範囲で社会主義的改造をおこなうという関所である。革命戦争と革命的な土地制度改革に貢献し、これからの多年にわたる経済建設と文化建設に貢献しさえすれば、将来、私営工業の国有化と農業の社会化がおこなわれるときになっても（それはまだ遠い将来のことである）、人民はその人たちを忘れるようなことはなく、その人たちの前途は明るいであろう。わが国はこのように着実に前進するのである。つまり戦争を経過し、新民主主義の改革を経過して、将来、国家の経済事業と文化事業が大いに繁栄し、さまざまな条件がそなわり、全国の人民が納得し、みんなが賛成した暁には、悠々と、適切なやり方で社会主義の新しい時期にはいることができるのである。私は、この点をはっきりさせておく必要があると思う。(『毛選集』、「徹底した革命家になろう」:38)

このように、新民主主義政策を多年(一〇〜一五年以上と考えられていた)行なった後に初めて社会主義への移行を開始できるというのが、建国当初の毛を含めた指導者たちの構想であった。

＊共産党や「民主党派」・各団体・各界の代表で構成される統一戦線組織。当初は国会の役割を代行したが、一九五四年に全国人民代表大会(全人代)が成立した後は、実質的には名誉職化した。

2 「新民主主義」構想の国際情勢認識

このような構想は、中国の社会・経済の後進性という現実を考慮しただけでなく、国際情勢に対するかなり楽観的な認識にも基づいていた。この少し前の六月六日、七期三中全会(中国共産党の第七回全国代表大会の後に開催された三回目の中央委員会総会。以下同じ)で毛沢東は次のように国際情勢を分析している。

当面の国際情勢は、われわれにとって有利である。ソ連を先頭とする世界の平和と民主主義の陣営は、昨年よりもいっそう強大になった。平和をめざし、戦争に反対する世界各国人民の運動は、発展している。帝国主義の抑圧からぬけだそうとする民族解放運動は、幅広く発展している。なかでも、とくに注目にあたいするのは、アメリカの占領に反対する日本人民とドイツ人民の大衆運動が盛り上がったこと、東方の被抑圧諸民族の人民解放闘争が発展していることである。同時に、帝国主義諸国のあいだの矛盾、主としてアメリカとイギリスのあいだの矛盾も発展した。アメリカのブルジョア階級内部における各派の争いや、イギリスのブルジョア階級内部における各派の争いも、増加している。それとは反対に、ソ連および人民民主主義諸国は相互によく団結した関係にある。……帝国主義陣営からの戦争の脅威はあいかわらず存在し、第三次世界大戦の可能性はあいかわらず存在する。しかし、戦争の危険をおしとどめ、第三次世界大戦の勃発を防ぐためにたたかっている勢力は急速に発展しており、全世界の大多数の人民の自覚はたかまりつつある。全世界の共産党が、結集できるすべての平和と民主主義の勢力をひきつづき結集し、それをさらに発展させさえすれば、新たな世界戦争はおしとどめることができる。(『毛選集』、「国家の財政・経済状態の基本的好転のためにたたかおう」：19–20)

こうした楽観的な認識を背景に、この時毛沢東は、「一部には、資本主義を早めに消滅し、社会主義を実行してもよい、と考えているものもいるが、このような考えはまちがっており、わが国の実情にあわない」(同上：24)と言明していた。そのうえで、一七日後の六月二三日に、先述のようなより詳しい説明をしたのである。その僅か二日後、一九五〇年六月二五日、朝鮮戦争が勃発した。

第2節　社会主義への即時移行開始の提起

1　朝鮮戦争

実は北朝鮮が韓国に軍事進攻をすることは、中国にも事前に通知されていた。ただし毛らは、先述のような情勢分析の下で、アメリカは国共内戦の時のように軍事介入はしないか、介入してもたいしたことはしないはずで、そうであれば短期間に北が武力統一を果たして戦争を終結させ、中国への影響は少ないだろう、と判断していたのである。しかし二日後の一九五〇年六月二七日、アメリカ大統領トルーマン*は軍事介入することを声明し、九月のアメリカ軍による仁川上陸が、そうした楽観的な国際情勢とそれに基づく「新民主主義」構想を打ち砕いた。そしてその後の戦争に対処する過程と結果が、構想の背景にあった社会主義観から次第に理念や理想を剥ぎ取り、現実（戦争およびその危機）への対応に追随させていく。

＊ハリー・S・トルーマン（一八八四―一九四二）。アメリカの民主党員で第三三代大統領。

毛らが想定したとおり、奇襲攻撃をした北朝鮮軍は韓国軍を圧倒してソウルを陥落させ、怒濤の勢いで南下して釜山に迫った。これに対してアメリカ軍を主力とする国連軍は、九月に仁川上陸を敢行して戦局を逆転させ、敗走する北朝鮮軍を追って南北の境界線であった北緯三八度線を越え、中朝国境に迫った。中国軍は介入しない、と考えていたからである。しかしこの想定もまた、中国軍が一〇月一九日に鴨緑江を越えたことによって崩され、油断していたアメリカ軍は大打撃を被り、戦局は再度逆転した。その後、アメリカ軍も態勢を立て直し、五一年半ばには三八度線付近で戦線が膠着して消耗戦に入った。

　戦争の長期化が明らかになった五一年二月、共産党中央は本格的な戦時体制の構築を目指して、「三年準備、十年計画経済建設」を提起した。翌五二年初め、政務院（後の国務院。内閣に相当）の財政経済委員会が五ヵ年計画の初歩的構想に着手する。そして、休戦の見通しが出ていた同年八月に「五ヵ年計画輪郭草案」がまとまり、ソ連の指導と援助を求めるために、政務院総理（首相）の周恩来＊らがこの「輪郭草案」を携えてモスクワに向かい、スターリン＊＊の意見を求めた。

＊一八九八―一九七六年。中華人民共和国成立以来その死まで、ずっと首相の職を務めた。文化大革命でも打

倒されず、「不倒翁」の異名があった。
＊＊ヨシフ・ヴィッサリオノヴィチ・スターリン（一八七八―一九五三年）。スターリンは「鋼鉄の人」という意味のペンネーム。レーニンの死後に、トロツキーらとの政争に勝利して、ソ連の最高指導者になる。

2　社会主義への即時移行開始の提起

そうした中で、毛沢東が九月二四日の党の中央書記処会議で、社会主義への即時移行開始を提起したのである。「我々は現在すぐに一〇年から一五年の期間で基本的に社会主義への移行を完成させるのを開始せねばならず、一〇年あるいはそれ以後になってようやく移行を開始するのではない」〈151〉と。この時モスクワで検討されていた「輪郭草案」では、第一次五カ年計画の重要な任務を社会主義に移行できる経済条件を作り出すこととしていたのだから、これは方針の根本的な転換だった。そして、ソ連共産党第一九回大会に参加した劉少奇*が、スターリンにこの件についての意見を求め、彼の賛同も得た。こうして一一月、ソ連のゴスプランに相当する国家計画委員会が政務院と同格で設立され、東北人民政府主席の高崗**が主席に就任する。さらに翌五三年六月、毛沢東は国家の工業化と農業・手工業・資本主義商工業の社会主義改造（「一化三改」）を、「過渡［移行］期の総路線」として定式化するのである（以上は主に、薄 1997：「一〇　過渡時期総路線的醞釀和制定」）。

＊一八九八―一九六九年。毛沢東に次いで党内序列二位。一九五九年には国家主席になる。文化大革命では「実権派」の頭目、中国のフルシチョフとして打倒され、非業の死を遂げる。

＊＊一九〇五―一九五四年。国共内戦期以来、東北での党の最高指導者。次章で触れる高崗・饒漱石事件によって自殺。

他の指導者たちは毛沢東の唐突な提起に驚いたが、結局は、「それが当時の客観的現実と符合しており、当時の客観的な情勢が発展したことの産物」で、「理に適っている」と肯定したようである。薄一波は、「中央の他の指導的同志は異議を提出すること」はなかったと記す。そしてその「客観的な情勢」の発展として、薄は次の五点を挙げている。①土地改革・反革命鎮圧・「三反五反」運動などによって政治的基盤が固まったこと。②国家が経済の命脈を掌握し、戦争の痛手から回復・発展したこと、とくに国営経済の主導的地位が確立したこと。③加工・注文や統一買付・統一販売などによって、国家の市場への関与・管理が強化されるとともに、「五反」運動によって自己の利益しか追求しないブルジョアジーの本質が暴露されたこと。④農業・手工業の一部で合作化が進展していること。⑤帝国主義は「短期間内に再び大規模な戦争を起こすのは難しい」が、「再度大戦が勃発する可能性を排除できない」こと〈152‒153〉。

3　政治・社会的条件の形成

これらについて、一つ一つ検討してみよう。まず①については、第一章の記述から窺えるように、日中戦争勃発以後の総動員のために国家や権力が社会の個々人を掌握しようとする動きが、内戦でさらに進み、共産党の下で朝鮮戦争を契機として社会の基層にまで相当程度達するようになっていた、ということである。先に記したように、強大な敵に抵抗していくためには、ありとあらゆるモノ・カネ・ヒトなどを可能な限り動員し続けなければならず、その鍵は個々人を組織して掌握することだった。その結果、農村を重点に活動し、階級闘争論に基づいて一人一人に党の「敵になるのか味方になるのか」のどちらかを選択するよう強制し、「味方」であることの証明として「大衆運動」に参加させることによって組織していった共産党が、日中戦争以前には圧倒的に優勢だった国民党との内戦に勝利して、中華人民共和国の成立となったのである。

朝鮮戦争が勃発すると、中国は「抗米援朝」（アメリカに抵抗し朝鮮を援助する）を掲げる全国的な「大衆運動」を起こし、愛国主義を高揚させ、ナショナリズムによる一層の民衆の組織・動員を図った。こうした中で、朝鮮戦争直前には既に残務処理的になり始めていた反革命鎮圧運動が、再び激しく行なわれて、五四年までに四八〇万人余が処罰された。そして「内部に潜行している敵」を摘発するために、農村の郷や都市の機関・学校・工場・居住地区単位で治安防衛委員会が組織されて、社会の隅々まで公安組織の網の目が張り巡らされたのである。これらは、社会主義改造後の農村の人民公社や都市の単位（第一章第一節3参照）の範囲に相当する。

農村では、土地改革を全国化するための相対的に穏健な「土地改革法」が、朝鮮戦争の勃発直後に公布されていたが、反革命鎮圧運動とあいまって土地改革の実際の過程は急進化し、平和裏に土地を分配する「和平分田」方式が厳しく批判され、階級闘争路線がとられた。地主を「内なる敵」とし、農民一人一人に地主か党かのどちらかの選択を迫り、「身の潔白」を証明するために「大衆運動」に参加させることによって、農民を村に組織し、それを共産党が掌握するという、内戦期にとられた方式が全土で行なわれたのである。その結果、反革命とされた者と地主を合わせて、処刑された者は二〇〇万人にのぼったとされている。

同じ時期に、都市を中心に「三反五反」運動が展開された。「三反」は国家機関工作員の「三害」（汚職、浪費、官僚主義）に反対する運動であり、工作員の四～五％が処分されたという。「三害」はブルジョワジーからの汚染によるものとされ、ここから資本家の「五毒」（贈賄、脱税、国家資材の窃盗、手抜きや材料のごまかし、経済情報の盗み取り）を糾弾する、「五反」運動が組織されたのである。その結果、上海など九大都市の民間商工業者の七六％が処分され、取り立てられた罰金や追徴金は、毛沢東によれば、朝鮮戦争がまだ一年半は戦えるほどだったという。運動の過程で、労働者・職員・店員らの組織化と党による掌握が進み、企業の実質的な経営権は労働組合、そして何よりも党が握るようになっていった。

朝鮮戦争下のこれらの運動等によって、党＝国家が個々人をかなりの程度掌握し、全社会を大きく動かしうる政治・社会的条件ができていたのである。（この時期の大衆運動については、泉谷2007が詳しい）

4　経済的条件の形成――商工業の場合

薄があげた商工業に関係する②と③も、歴史的に見れば、③は日中戦争以降の統制経済化、②は③を背景にした国公営部分の肥大化が、朝鮮戦争下であい連携しつつさらに進展したものである。先述のように、共産党は新たな政府の樹立の際、日中戦争以後に肥大化していった国公有資産と全面的な統制経済を引き継いだ。そしてすぐに直面したのは、戦争による荒廃と極度のインフレによって、崩壊に瀕していた経済を立て直すことだった。そこでまずインフレを抑え込むために、財政・金融や貿易を厳しく統制し、国営企業の生産再開を優先し、食糧と綿布を押さえて重点的に供給する政策をとって、五〇年春には物価を基本的に安定させた。しかしこの強引なデフレ政策と厳しい統制によって、民間工商業の危機はさらに深まり、大量の倒産と失業が生じた。この状況に対して、民間資本を無理して救済するよりもいっそ国有化した方がよい、と言う意見も出るほどであった。先にあげた七期三中全会での、「資本主義を早めに消滅し、社会主義を実行してもよい」という「考えはまちがって」いるという毛沢東の言明は、こうした意見に対する批判だったのである。

この会議で毛が打開策として提起した「工商業の合理的調整」とは、「私営工業に対しては国家が『加工発注、統一買付、請負販売』などの方式で国家計画の軌道に乗せ、一方で生産の回復を図るとともに、他方で一定の利潤を保証」し、「私営商業に対しては、『委託販売、代理販売』の方式を用い、価格および流通に国家が介入する」（宇野他 1986：33-34）、というものだった。これは本来は当時の民間工商業に対する救済策であったが、結果としては、商業を中心に国営部門が一層拡大するとともに、国家が実質的に生産にも関与することになり、民間工商業の国家への依存を強めることになった。

その後、朝鮮戦争の参戦による経済的負担によって、金融や市場の統制はさらに強化され、民間銀行の公私合営化が急速に進められ、綿糸布は国営企業が独占的に取り扱うことになった。他方で、戦争勃発後は「朝鮮特需」もあって景気は回復していったが、厳しい統制と「工商業の合理的調整」政策の下では、民間企業の利益は限定されてしまい、国家との矛盾が顕在化せざるをえない（加島2018）。民間企業経営の根底にある利潤原理が、戦争の遂行という国策と衝突してしまった。「五毒」はこうした中で不可避的に発生し、それを口実に、先に示した「五反」運動が展開されたのである。ともあれ一九五二年末には、金融はすでに事実上ほぼ国公営化が完了しており、また「工業総生産額で国営工業の割合はすでに五〇％を越えていた」〈153〉。厳しくなる一方の統制の下で、商業の国公営化も次第に進みつつあった。朝鮮戦争の下で、これらの経済では、国家が主導する大きな政策転換をなしうる条件ができてきたのである。

5 農業の場合

但し、中国経済で最も重要だった農業に関する④については、薄一波の議論はまったく説得力をもたない。

先述のように、共産党は一九五〇年の秋から、内戦期に実施した所以外の全国で土地改革を実施した。その後の農業の集団化では、次の三段階が想定されていた。まずは互助組の結成で、これは親族・近隣や親密な数戸が組織し、通常は個々の農家が自分の土地で農作業を行ない、農繁期や必要な時に互いに助け合うという、単なる互助組織である。

表1　農業集団化の進展　（単位：％）

	互助・合作組織参加農家の割合	農業生産合作社			農業生産互助組
		合計	高級社	初級社	
1950	10.7				10.7
1951	19.2				19.2
1952	40.0	0.1		0.1	39.9
1953	39.5	0.2		0.2	39.3
1954	60.3	2.0		2.0	58.3
1955	64.9	14.2		14.2	50.7
1956	96.3	96.3	87.8	8.5	

出典：蘇星「我國農業的社会主義的改造」（人民出版社，1980年）．

次の段階である初級生産合作社で、農民の組織化が大きく進む。規模はほぼ集落レベルの平均二〇～三〇戸で、農家は自分の土地を合作社に出資し、一社員として合作社の経営に参加するとともに、合作社の土地で共同で農作業に従事する。収穫後の個々の農家の取り分は、出資した土地などの量と、点数で集計された労働量の、二つの基準に基づいて分配される。個々の農家による経営は否定されるが、自己の土地に関する権利は完全には消滅せず、分配の量に反映されるのである。

この初級社をいくつか合併させて規模を拡大するとともに、個々の農家が出資した土地などへの権利を消滅させ、労働量のみで分配を決定するのが、高級合作社である。規模は平均二〇〇戸くらいで、ほぼ行政村レベルで農民を組織することになる。このソ連のコルホーズに相当する高級社にいたって、ようやく「完全な社会主義的性質」とされた。

さて、問題の五二年の段階では、農家の四〇%が互助組に組織されていたにすぎず、初級社は〇・一%、高級社はまったくなかった（表1）。ごくごく初歩的な集団化でしかなかったのであり、社会主義への移行を可能にする条件にはほど遠かったといえよう。事実、次節でその一端を見るように、農業の合作化をめぐっては、党内に大きな意見の違いが存在し、毛沢東自身もできれば早く進めたいという願望はあっても、まだ確固とした見通しはもっていなかったのである。

6　国際情勢認識と「過渡期の総路線」の実質

⑤についての薄一波の記述は、次のとおりである。

抗米援朝戦争［朝鮮戦争］は偉大な勝利を勝取ったが、戦争の脅威はまだ消え失せてはいなかったこと。特に国際的な社会主義と帝国主義の二大陣営の鋭い対立は、再度大戦が勃発する可能性を排除できなかった。しかし、第二次大戦の後、各参戦国はいずれも元気を回復し経済を発展させるという問題を抱え、資本主義国家の間では世界的規模で工業原料や製品の販売市場を争奪するという矛盾が日増しに激しくなり、短期間のうちに再び大規模な戦争を起こすのは難しかった。我々は必ず有利なチャンスを勝取り、工業化の建設を速め、経済の

実力を増強し、国防を強大にし、患いを未然に防がねばならなかった。〈153〉

「再度大戦が勃発する可能性」はあるが、「短期間のうちに再び大規模な戦争を起こすのは難しし」い今こそ、「患いを未然に防」ぐチャンスだった、というのである。

ここで注意すべきは、①～④は社会主義への即時移行を可能にする基盤であるのに対して、⑤はそうしなければ「ならなかった」という、移行の必要性を示すものだということである。要するに、社会主義への移行を目指す「過渡期の総路線」とは、実質的には、日中戦争から開始され国共内戦によって進んだ政治・経済・社会の国家による一元的掌握という流れが、朝鮮戦争を契機にさらに急激に進展したことを基礎に、将来大規模な戦争が起こりうるという国際情勢認識の下で、それに対処するために、その流れを意識的に全面化しようとしたものに他ならない。とすれば、ここで社会主義だとされたものが本来の理念とほど遠くなるのは当然であり、その実体は繰返された総力戦の結果を基礎にした、将来の総力戦に対処する現実的な体制以外の何物でもない。実質的には、第一章で説明した総力戦によって否応なしに進む「強制的均質化」が、冷戦の下で、後進的な中国で一層強く現れた結果だ、と捉えるべきであろう。後の状況から判断すると、ここで「大規模な戦争を起こすのは難しい」と想定している「短期間」は、三～四年、長くても七～八年であろう。

第3節　急激な社会主義改造

1　「纏足した女の歩み」

「過渡期の総路線」は、独自の新民主主義の時期として想定していた期間をほぼそのまま社会主義への移行（過渡）期間とし、三回の五ヵ年計画で社会主義改造を完成させる予定だった。最終の一九六七年度にソ連の一九三七年の生産力水準に到達することを目標にしており、ソ連がドイツを撃退する際の基礎とした工業力と軍事力を先例としていた。しかし実際には、またしても急激な方針転換がなされ、わずか数年で社会主義改造が達成されてしまう。それを主導したのは、最も重要だが困難だと思われた、農業の社会主義改造＝集団化であった。

一九五四年には農業生産合作社に参加した農家は総数の二％にすぎず、またすべて初級社だったが、翌五五年には一四・二％、五六年になると一気に九六・三％に達し、さらに高級社が八七・八％を占めていた（表1）。このように、「社会主義改造が加速的に進んだ転換点は、五五年夏に党内で展開された所謂『纏足した女の歩み』に対する批判である」〈231〉。

七月末、毛沢東は「農業合作化問題について」という講話をし、中央農村工作部の部長の鄧子恢*に対して、「全国の農村には、新しい社会主義的大衆運動の高まりがおとずれようとしている。ところが、われわれの一部の同志ときたら、まるで纏足をした女のようによろよろと歩きながら、はやすぎる、はやすぎる、と愚痴ばかりこぼしている」（『毛選集』：261）と批判した。纏足とは、中国の旧社会でみられた、幼児期に女子の足を布で縛って発育しないようにした風習である。これ以後農業集団化が急激に加速されるのだが、注意すべきは、薄一波が次のように証言していることである。

既存の農業生産合作社を整理し強化することと新たな合作社を発展させるという、この二つの大問題で、毛主席はけっして最初から鄧子恢同志に対して批判的な態度をとっていたわけではなく、相当の期間、彼を支持しており、しかも積極的に支持していたと言える。〈258〉

＊一八九六―一九七二年。一九五四年に国務院副総理。農政部門の指導者で、中央農村工作部長を務め、この時には「右傾日和見主義」として批判された。大躍進後の調整政策の際にも、生産請負制を主張して、毛沢東から「資本主義農業の専門家」だとして批判され、中央農村工作部自体が廃止された（第五章）。

薄は一例として、次のような事実を紹介している。

一九五四年一二月、中央が承認した第四回全国互助合作会議の建議では、一九五七年までに全国の合作社に入った農家が農家総数に占める割合が五〇％に達するよう、努力することを提起している。毛主席は〔一九五五年〕三月三日の緊急指示に署名して出す前後に、鄧子恢同志を訪ねて話をし、一九五七年に合作社に入った農家が農家総数の三分の一を占めるまで発展すればよいのであって、必ず五〇％でなければならないというのではない、と彼に告げた。〔鄧〕子恢同志は当時まだ五〇％という構想を堅持していたが、毛沢東同志は反対し、食糧の強制買付はすでに限界に達しているので、強制買付の任務は九〇〇億斤で、一斤でも多くては駄目で、合作化の進度もまた緩慢にしなければならない、と考えていることを表明した。〈258〉

また次の事実も紹介している。

鄧子恢同志は〔一九五五年〕五月六日の第三回全国農村会議の結論で、また合作社の発展方針の問題に関する春の毛主席のある意見に言及し、次のように語った。「もともと我々は今年の秋に〔合作社の発展を〕停止すると言っていたが、その後毛主席は、思い切って〔今〕すぐ停止して、来年の秋に再び様子を見るまで、一年半停止しよう、と言った」と。〈259〉

「纏足した女の歩み」批判のほんの数ヶ月前、一九五五年春までは、毛沢東は農業の集団化に対して慎重で、逆に鄧子恢にブレーキをかけることさえあったのである。

2 「五月変化」とその背景

毛の考えが大きく転換したことが明確にわかるのは、五月五日夜、特に問題が多かった浙江省の合作社を縮小させた鄧子恢に対して、合作社を大量に解散してはならないと警告してからである。後に「五月変化」と呼ばれたこの逆転が、なぜ起こったのか? 薄一波は、「毛主席が一九五五年の間に、鄧子恢同志の工作に対して支持から批判に転じたのは、農村の情勢に対する彼の評価の変化と関係があるだろう、と私は推測する」〈261〉、としている。薄によれば、五五年春には農村は非常に厳しい状況にあった。南部の冷害・旱魃などの自然災害もあったが、事態をさらに切迫させたのは、食糧の統一買付(後述)の量が多かったことと乱暴な集団化だった。これが農民に生産意欲を失わせ、騒動を起こし家畜を屠殺させた。こうした状況は鄧子恢や農村工作部から毛沢東にも報告され、毛は「生産関係は生産力の発展に適応せねばならず、そうしなければ生産力が暴動を起こすだろうから、最近農民が豚や牛を屠殺するのは、生産力が暴動を起こしているのだ」〈259〉、と語ったという。このような認識から、三月には毛が鄧子恢にブレーキをかけたのである。しかし、

四月から五月にかけて、毛主席は地方に出て視察をした。五月から彼の農村情勢に対する評

価に重要な変化が生じた。次のように認識したのだ。「農民が生産に消極的だと言うのは、ただの小部分でしかない。私は道中、麦が人の半分の高さまで育っているのを見たが、生産は消極的だろうか？」「食糧不足なるものは、大部分が偽りで、地主・富裕中農さらには富裕中農が喚き立てている」のであり、「ブルジョアジーが食糧問題を口実にして我々に攻撃をかけているのである」って、農村工作部が一部の合作社はうまくやっていないと報告しているのは、「デマを飛ばしている」のだ、と。……

毛主席の今回の地方視察は、彼の農村情勢についての認識に変化が生じた転換点だった。彼は道中で見たり聴いたりして少なからざる新たな状況を理解し発見し、いくつかは以前には理解も発見もしておらず、いくつかは過去に理解してはいたがおそらく今回事実に食い違いがあることを発見したのだろうが、皆が合作社の運営にとても積極的だったと彼が言うのは、こうした状況のものだった。

薄はこのように記して、さらに次のように続けている。

ここで私はある問題、つまり道中で毛主席に報告した資料は、疑いなく大多数は真実だったろうが、中にはおそらくそれほど真実ではないもの、あるいは報告者の何がしかの主観的な要素を含むもの、あるいはいくつかは偏ったもので全体を総括したものがあったのではない

か、あるいは大げさなものさえあったのではないか、という問題に思い至る。〈262-264〉

この問題について、他の史料（『毛年譜』）によって補足しよう。毛沢東は四月六日夜に専用列車で北京を離れ、九日に杭州に着いて滞在し、一九日夜専用列車で杭州を離れ、二三日朝に北京に帰った（『毛年譜』：364-365）。その道中で農村を見たり幹部らから話しを聴いたりしたであろう。また滞在した杭州は浙江省の省都であるが、その浙江省は幹部の強制によって合作社を急増させた弊害が顕著だったため、それを「整理し強固にする」ことが大きな問題になっていた所である。また滞在中に、上海市党委員会第一書記の柯慶施（一九〇二―一九六五）ら上海市の幹部とも話をしている。

そして、北京に戻った後の五月一日に、党華東局書記の譚震林（一九〇二―一九八三）に農村の情況について次のように語った（同上：367）。

合作化はやはり少し速めるべきだ。私は先に外に出て道中の作物が皆とてもよく育ち、麦が人の半分の高さまで育っているのを見たが、生産は消極的だと誰が言うのだ？農民の農作業の積極性はとても高く、合作社をやる積極性も高い。ただし、合作社に良い話しをする人は少ない。柯慶施は下部では三分の一の幹部が合作化に対して右寄りの消極的な気持を持っていると言ったが、これが上部の関連部門の指導と関係ないはずがない。

薄一波も他の所で次のように記している。

皆が知るとおり、毛主席は「農民の苦しみ」の類いの話をあまり聴きたがらなかった。……中共中央上海局書記の柯慶施が毛主席にある状況を話し、彼が調査すると、県・区・郷の三級の幹部で、三〇％の人が農民の「自由」を求める気持を反映して、社会主義をやりたがらない、と語った。柯は毛主席の考え方や好みを知り尽くしていた。彼のこの話が毛主席に残した印象はとても深かった。毛主席はすぐにこのような「社会主義をやりたがらない」人は、下部にいるし、省内にいるし、中央機関の幹部の中にもいる、と思い付いたのだ。〈263〉

これらのことから、「五月変化」の重要な背景に、毛沢東の好みやできるならば集団化を進めたい気持を忖度した、柯慶施ら地方幹部の誇大あるいは虚偽報告があったことは確かであろう。さらには、毛に見せるために、田畑に後の大躍進の際に見られた「『併田』という方法（つまりすくすく育って熟したかあるいは基本的に熟した多くの作物を一筆の田畑に移植して一緒にすること）」〈483〉をとった所もあったかもしれない。

但し、それをどこにでも見られる、上に対する下の忖度と迎合に解消してしまっては、歴史的な理解にはならない。後の「大躍進運動」の場合も考えると、そうした状況の背景として、日中戦争以来の「大衆運動」の積重ねと組織化によって、「お上」に逆らえなくなった圧倒的な民衆とともに、「大衆運動」で闘争対象にされたり責任をとらされたりして淘汰が繰返された結果、地域の実態よりも上の意向に敏感で業績主義に走りがちな各層の党幹部、という政治構造を生み出していたことを見る必要がある。毛沢東は、自分たちが結果として作り出したこうした政治構造に基づく人々の動きを、大衆や幹部の積極性の現れだと見誤り続けることになる。

3　食糧問題――統一買付・統一販売

ただし、薄一波の次の証言にも注意せねばならない。

この時の〔鄧子恢に対する「纏足をした女の歩み」という〕誤った批判の原因に話が及ぶ際には、食糧問題が我々に圧力をかけていたという、もう一つの事実を軽視してはならない、と私は思う。建国以来、全国人民が飯を食う問題は、わが党と政府の眼の前にあり続けたもっとも重要な問題だった。……土地改革後、皆次のように認識していた。小農経済に頼って日増しに増える食糧の需要を満たすというのでは駄目だ、と。……毛主席の『農業合作化問題について』という報告は、中央の政治局と拡大七期六中全会の一致した支持を得た。皆がなぜ支持できたのか?……毛主席の農村の階級分析に関する見方が皆を説得した以外に、皆が合作化の過程を加速してわが国の食糧・綿花などの供給の問題を解決したいと願っていたからだ〈256–257〉。

社会主義の理念よりも食糧問題こそが、農業の集団化ひいては社会主義改造全体を加速させたのである。しかも、この時期の食糧問題は、土地改革と第一次五カ年計画がもたらしたものだった。

薄一波は、「食糧の生産と需要の厳しい矛盾が大規模な農業の合作化の展開を促進した動因の一つだと言うのならば、一九五三年に実施した食糧の統一買付・統一販売は、当時の食糧の需要と供給の矛盾が発展した産物なのだ」〈180〉、と記している。ここでいう「食糧の統一買付・統一販売」とは、国家が大量の食糧を確保するために、農民から旧来の田賦に相当する農業税を現物で徴収する以外に、計算上の自家食糧分を上回る「余糧」を安い公定価格で強制的に買上げ、民間の食糧交易を禁止して国家が一手販売する、という政策である。

ここで奇妙なのは、前年の五二年が空前の大豊作だったにもかかわらず、翌五三年に食糧の需給が逼迫し、その結果として、この政策が実施されることになったことである。この年に食糧の需給が逼迫した主な原因として、薄は経済の回復や大規模な建設の開始による都市人口の急増と、土地改革による生活改善で農民自身の食糧消費が増加したことを挙げている〈181〉。しかしまず後者、土地改革の影響については、単なる農民の生活の向上という問題ではない。土地改革以前には富裕層が余剰食糧を販売し、貧困層は債務の返済のためや粗悪だがより安価な穀物を食べるために、自らが生産した穀物は販売して、この両端の階層で食糧の商品化率が高かったのに対して、中間の階層は相対的に自給性が強かった。したがって、土地改革によって階層を平準化すれば、食糧の自給性が強まり、商品化率が低下するのは必然だった。

また前者、五ヵ年計画による大規模な投資によって、農村から都市への流入人口が急増したことは間違いない。しかし、五カ年計画の影響には、他に無視できないものがある。実は中国は農業国でありながら、近代以降ずっと食糧輸入国であり、穀物供給地だった東北を失った満州事変以前でも、年に一〇〇～二〇〇万トンの穀物を輸入していた（表2）。ところが、五ヵ年計画が開始された一九五三年以後、大躍進の失敗で数千万人ともいわれる餓死者を出した後の六一年まで、毎年一〇〇万～五〇〇万トンの食糧を輸出しており、翌六二年からは一転して数百万トンの輸入に転じている（表3参照）。輸出の時期がソ連などからの有償援助の返済時期と一致することや、三〇〇〇万人ともいわれるほどの餓死者を出した大躍進期の文字通りの飢餓輸出から見ても、この食糧輸出の多くが第一次五ヵ年計画による建設に関わる援助の見返りだったことは明らかであろう。他には、国際的孤立を打破し中国の影響力を強める外交手段の一つとして、アジ

表３　中華人民共和国の食糧純輸出入量

（単位：万トン）

年	純輸出入量	
1953	出	149.3
1954	出	193.9
1955	出	211.3
1956	出	225.3
1957	出	187.6
1958	出	324.8
1959	出	473.9
1960	出	100.1
1961	出	470.9
1962	入	448.2
1963	入	388.7
1964	入	545.9
1965	入	336.2
1966	入	329.7
1967	入	157.1
1968	入	158.9

注：数量は，米と粟のみ籾摺り後に換算し，他は「原糧」ベースで見る「貿易量」単位.

出典：松村 2005，135 頁.

表２　民国期の穀物純輸入量

（単位：万トン）

年	量
1921	47.8
1922	185.4
1923	297.9
1924	193.9
1925	100.6
1926	177.5
1927	190.7
1928	56.0
1929	162.3
1930	183.9
1931	226.7
1932	392.5
1933	313.0
1934	165.4
1935	232.9
1936	1.8
1937	48.0
1938	83.1
1939	160.2
1940	164.1
1941	206.7
1942	33.9
1946	10.6
1947	29.5

注１：原資料の単位は千市担。

注２：1931 年以後は東北を含まない.

出所：許道夫編『中国近代農業生産及貿易統計資料』，上海人民出版社，1983 年，146 頁.

ア・アフリカの新興独立国の一部に食糧支援などをしていた（松村 2005）。この統一買付・統一販売政策を主導した陳雲*も、五三年一〇月の全国食糧緊急会議で、次のように語っている。

食糧輸出は減らせないのかどうか？この考えはやれない。三二億斤［一六〇万トン］の輸出食糧の中で、二〇億斤［一〇〇万トン］が大豆で、これは主要にはソ連などの国の機械との交換に用いられ、五億四千万斤［二七万トン］はセイロンのゴムとの交換で、さらにいくつかは他の国への輸出だ。これらの輸出のすべてが、皆必要なのだ。（『陳雲文選（一九四九―一九五六年）』（人民出版社、一九八四年、二〇四―二〇五頁）

こうした食糧輸出の問題については、薄一波は僅か一ヵ所で、「当時は食糧を輸入できなかっただけでなく、一部の食糧を絞り出して輸出して、建設資材に換えなければならなかった」〈197〉、としか記していない。しかし、五ヵ年計画の遂行や国際的影響力の強化などのために、食糧が国内で足らないのにさらに輸出せざるをえない状況、これも食糧問題をさらに逼迫させ、統一買付・統一販売政策を導いた重要な要因の一つであった（奥村 2008）。

＊一九〇五―一九九五年。財政・経済政策の最高責任者で、国務院副総理、財政経済委員会主任・重工業部長・国家基本建設委員会主任などを務めた。

先述の会議で陳雲は、検討した「八種類の方策の実施可能性について逐一説明し、その後に、現在はただ農村での買上げと都市での配給販売という一つの方法しか実施でき」ないとして、次のように語っている。

私は今一担［＝五〇キログラム］の「爆薬」を担いでおり、前［この政策を実施しない場合］には「黒色火薬」、後［実施する場合］には「黄色火薬」だ。もし食糧を入手できなければ、市場全体が変動するだろうし、買上げという方法を採用すれば、農民はまた反対するだろう。二つのうち一つを選ばねばならないが、どちらも危険な奴だ。〈187〉。

その上で、「危険性はやや少ないだろう」〈187〉として、後者、統一買付・統一販売政策を選んだのである。

さらに興味深いことは、この八日前の政治局拡大会議で、陳雲が次のように語っていたことである。

我々以前には、二つの政府が〔食糧の〕買上げを実施したことがあり、一つは満州国政府で「出荷」と呼び、もう一つは蔣介石政府で「田賦徴実・徴購徴借」と呼んだ。我々の買上げは性格が彼らの買上げとは異なるだけでなく、価格も適切だ。〈185〉

ここで言及された「出荷」は、「満洲国」が各村長や屯長に命じて増産・出荷の目標量を定めて興農合作社と契約させ、各農家や村・屯長は収穫後に契約した出荷量を出荷しなければならない、というものである。戦争末期の一九四三年以後は、出荷量は契約ではなく行政指令で規定されて実質的に強制出荷になり、その量を実現するために経済警察が動員された（陳2011）。また「田賦徴実・徴購徴借」は、先述のように、日中戦争の勃発以後に国民政府が田賦（土地税）を現物徴収に切り替えた以外に、農民から食糧を強制的に買上げたり借上げたり（返済できないと収奪に等しい）した政策である（天野2004）。いずれも日中戦争期の食糧政策であり、価格も統制によって相当低く抑えられた。しかし、「満洲国」の場合は膨大な闇市場の存在を事実上黙認せざるをえず、国民政府の場合も正確な地籍が作れなかったこともあって、負担は多くの有力者が逃れる一方で弱者に集中して、多くの農民の破産・零落を招いている。そして、陳雲の弁解にも関わらず、「統一買付」の買上げ価格もまた、やはりかなり低かったのである。

要するに、統一買付・統一販売もまた、日中戦争勃発以後に中国の大後方や「満洲国」で行なわれた、戦時の食糧徴発政策という流れを汲むものであった。それが朝鮮戦争後の冷戦という国際的緊張を背景にして、中国の全土で実施されたのである。そして、この政策を「出荷」や「徴購徴借」よりもさらに有効に機能させるためには、生産自体を掌握できる農業の集団化が必要だった。農業生産が個々の農家によってなされるなら、国家は個々の農家の生産や消費の状況をきっちり把握した上で、個々の農家から買上げねばならない。農産物の生産自体を集団化することによって、この大変な手間ひまを大きく縮小することができる。薄一波は、「こうして合作化の後には、国家はもはや農家と食糧を直接やりとりすることはなくなった。国家が農村で統一買付・統一販売を行なう口座〔原文は「戸頭」〕は、もとの一億数千万の農家から数十万の合作社に簡素化された。このことは、食糧の買付速度の加速化、買付と販売の手段の簡素化、契約による予約買付の推進の、いずれをも便利にした」〈195〉、と記している。要するに、集団化が農民からの徹底した食糧収奪を可能にしたのである。

「統一買付・統一販売」政策は、翌年以降、綿布・綿花・石油など、多くの生活必需物資に拡大されていった。この政策によって、国家は流通過程から多くの民間商人を排除し、重要な商品を掌握して、商業の社会主義改造への道を拓くことになった。また、当時の軽工業が主体の中国工業では、主要工業の原料も国家が掌握することになり、工業の社会主義改造への道を拡げることになる。さらに、生活必需品を国家が掌握し、農村と都市の交易も大きく制約されることになった。これに戸籍の整備と厳重な管理が加わり、都市民に戸籍に基づいた配給制が採用されると、農村から都市への人口の移動が決定的に制約される。農民が土地に緊縛された、事実上の「身分」になるのである。もちろん都市においても、単位制度に基づく配給制によって、個々人の把握がさらに強まることになる。

4　社会主義改造の完成と指導部の認識

ともあれ、困難だと思われた農業の集団化は、またしても毛沢東の一声によってきわめて短期間に実現し、それが商工業・手工業の集団化も牽引した。商工業では、一五年かけて国営部門の一層の発展を基礎に民間企業の公私合営化（国家資本主義の高級形態）を進めるはずだったが、実際には、農業の合作化に引きずられて五五年秋以後一挙に達成される。資金を握る金融部門はすでに朝鮮戦争中に事実上国公営化が完了しており、商工業の主要な企業の経営権は、「三反五反」運動によって労働組合を通して党が掌握していた。さらに五三年秋からの主要商品の統一買付・統一販売によって、民間商業の活動の余地が大きく狭まるとともに、主要工業の原料供給と生産物販売の両端を国家が押さえることになった。もはや、掛け声一つで全面的改造ができる状況になっていたのである（薄 1997：「一七　資本主義工商業全行業公私合営」）。手工業もまた農業の合作化と商工業の国公営化に引きずられ、五五年冬から合作化が一気に進められるとともに、多くが地方国営工場に再編された（同：「一八　加快手工業改造的得失」）。

こうして見れば、急激な社会主義改造が実現した背景もまた、結局は薄一波があげた先の①〜③の要因に帰せられよう。日中戦争以来形成されていき、社会主義に対する考え方を変えるだけで移行開始を可能にした条件は、そのまま即時実現をも可能にする条件ともなったのである。最も困難だと思われた農業においても、過去の運動の積重ねによって抵抗の手段を失い、幹部に従わざるをえない基層の民衆と、繰返される組織の再編によって上の意向にのみ敏感にならざるをえない各層幹部の下で、きわめて短期間に全土の高級合作社化が実現した。ただし、指導部特に毛沢東はそれを人民の積極性と党支持によるものだと誤認し、自らの路線に強い自信を持つようになった。そして毛沢東は、そうした「人民の積極性」に冷水を浴びせることを恐れるようになる。

そうした状況の背景にあった共産党指導部の対外認識も、再度確認すれば、「国際的な社会主義と帝国主義の二大陣営の鋭い対立は、再度大戦が勃発する可能性を排除できない」が、帝国主義陣営が「短期間のうちに再び大規模な戦争を起こすのは難し」く、中国は「必ず有利なチャンスを勝取り、工業化の建設を速め、経済の実力を増強し、国防を強大にし、患いを未然に防がねばならな」い、というものだった。要するに、日中戦争・内戦と続いた総力戦と冷戦が、中国の社会主義体制を作り出したのである。

言うまでもなく、当時の中国にとっては、「帝国主義国」であるアメリカが最大の軍事的脅威である一方、ソ連は社会主義陣営の中心であり先輩であって、防衛を含む様々な援助を受け、また多くの学ぶべきものを持つ、頼もしい存在であった。後に「積極的防御」と呼ばれた当時の国防戦略の重点も、中ソの強固な軍事同盟を大前提にして、核開発も進めながら当面はソ連の核抑止力に依存し、想定されるアメリカの「三路向心迂回」戦略（中国に対して朝鮮半島・台湾海峡・インドシナ半島の三方から侵攻するというもの。実際にアメリカの構想にあったかどうかは不明）に対抗して、「沿海地域で殲滅を加える」（朱 2001）という、前方防御であった。

第三章　「戒めの鑑」としてのソ連と独自の社会主義建設

第1節　スターリン批判と『十大関係論』

1　高崗・饒漱石事件

前章の末尾で示したソ連との関係から、中国の社会主義改造＝社会主義体制化は当然のごとくスターリンが指導したソ連の経験を踏襲したのだが、皮肉にも、それはちょうど一九五三年三月のスターリン没後の、後継者をめぐるソ連の政局の転変と同時進行だった。それが中共党内にも影響を及ぼし、ソ連に対する認識を次第に変化させていく。薄一波は次のように記している。

スターリンが死去した後は、ベリヤ*が告発されたこと、一連の重要な冤罪・でっちあげ事件で名誉の回復がなされたこと、農業に対するしめつけ、重工業を中心とする方針をめぐって発生した論争、ユーゴスラビアに対する態度の転変、スターリンが探しだした後継者が速やかに交替させられたことなどを含む、ソ連で起きた事柄が、スターリンとソ連の経験に存在するいくつかの問題を、すでにわが党中央に次々に気付かせていた。私の記憶では、毛主席は一九五五年末に「ソ連を戒めとする」という問題を提起した。〈333〉

＊ラヴレンチー・パーヴロヴィチ・ベリヤ（一八九九―一九五三年）。ソ連の政治家で、治安と警察を統轄する内務人民委員部の議長として、スターリンによる大粛清の主要な執行者になった。スターリンの死後、フルシチョフらとの政争に敗れて失脚し処刑された。

一九五四年二月、中共は「党の団結を強化することに関する決議」を出した。

帝国主義者と反革命分子が我々を破壊する最も重要な方法の一つは、まずわが党の団結を破壊し、同時にわが党内に彼らの代理人を探すことだ。わが党内に張国燾を生み、ソ連の党内にベリヤを生んだという、このような歴史的教訓は、敵が必ずわが党内に彼らの代理人を探そうとするだけでなく、かつて探し出したし、今後もまた、落ち着かない、忠実でない、さらには他に企みがある分子を、彼らの代理人として探し出すかもしれず、これは我々が必ず厳重に警戒しなければならないことだということを、はっきり示している。（『重要文献』第五冊：127）

その一月余り後の党全国代表会議で、高崗・饒漱石の二人が処分され、失脚した。高崗・饒漱石事件である。

当時中国の地方統治は、内戦後の軍事占領と軍政に起因して、党（中央局）・政（大行政区）・軍（軍区）が一体化した、東北・華北・華東・中南・西北・西南の六つの地域ブロックに分けられていた。高崗（一九〇五―一九五四）は党の東北局書記、饒漱石（一九〇三―一九七五）は華東局書記であり、両者ともに中央政治局委員で、高崗が国家計画委員会主席、饒漱石が中央組織部長になるなど、中央の要職も兼ねていた。この事件について磯部靖は、指導体制の変革や経済建設の新方針での対立を背景に、二人が党内序列で彼らの上にいて毛沢東の不満を買っていた劉少奇や周恩来らを追落とそうとした権力闘争であり、毛沢東は党の分裂や「軍閥化」を危惧して二人を処分したのだ、としている（磯部 1997）。

ただし、二人が結託していた可能性は低いし、後の展開から見ると、磯部が論文の註で次のように記していることも、重視する必要があると思われる。「一九四九年七月に訪ソした際、高崗はスターリンに対し、東北三省をソ連の一七番目の共和国にすることや、ソ連海軍が山東半島に駐留することを提案した。そのほかにも高崗はスターリンに取り入るため、中共内部の秘密情報を電報で送ったが、それらは毛沢東に送り返され、高崗の一連の行動が暴露された」。高崗のこれらの行動が事実であるとすれば、彼がスターリンの歓心を買おうとしたことについて、毛沢東が神経を尖らせたことは疑いないであろう。彼は東北での党の指導者だったことから、ソ連との関係は密接だった。後に中国がソ連と対立するようになると、高崗がソ連の「代理人」だったことが同事件の背景にある、と非難されるようになる。そしてこの時に、国防部長の彭徳懐[*]が、毛沢東が高らを支持していると考えて高らの提案に同意したとされることも（磯部 1997）、毛の内心に彭への疑惑を生んでいた。これが後の大きな火種になる。

＊一八九八―一九七四年。中国人民解放軍の元帥。国務院副総理兼国防部長。廬山会議で大躍進を批判して失脚（第四章）。文化大革命で迫害されて死去。

2　スターリン批判と「戒めの鑑」としてのソ連

さて、社会主義改造が急激に進んでいた一九五五年一二月、劉少奇は八全大会報告を起草するために、各部・委員会にそれぞれの工作の成果や問題点などを取り纏めて報告するよう命じた。調査旅行から帰った毛沢東はこの聴取り調査の話に非常な興味を示して、薄一波に取り纏めを命じた。こうして翌一九五六年二月一四日から、三四の部と委員会の毛沢東らに対する報告が開始された。奇しくもこの日は、ソ連共産党第二〇回大会が開幕した日であり、その閉幕の前日の二四日に、有名な「スターリン批判」がなされたのである。その結果、各部・委員会の報告で問題とされた点が、スターリン批判の内容と結びつけられることになった。薄は次のように証言している。

三四の部・委員会の報告とソ連共産党第二〇回大会は、いずれもちょうど二月一四日に開始された。フルシチョフ[*]のスターリン問題に関する報告は、第二〇回大会の閉幕の前日、つまり二月二四日の深夜に行なわれた。当時、彼らは厳格に機密を保持し、会議後に初めて我々の代表団に通知した。その後、またミコヤン[**]を派遣して専用機で報告文書を送ってきた。ソ連共産党二〇回大会でのスターリン批判のニュースを知り得た後、わが党中央は政治局拡大会議を招集して、専門的に討論をした以外に、〔三四の部・委員会の〕報告の中でスターリンとソ連の経験に関連することも多々出てきて、「ソ連を戒めの鑑とする」という思想が一層明確になった。〈333〉

＊　ニキータ・フルシチョフ（一八九四―一九七一年）。スターリン後の政争に勝利して、ソ連の最高指導者になる。スターリン批判を行なう一方、アメリカとの間で平和共存政策を進めたが、一九六二年にキューバ危機を起こし、その二年後に失脚。

＊＊　アナスタス・ミコヤン（一八九五―一九七八年）。当時はソ連の副首相で、スターリン批判の先頭に立っ

ていた。

薄はまた後述のように、三四の部・委員会の報告で提出された主要な問題点を五つ挙げ、一つ一つ詳しく説明した後に、次のように証言している。

上に述べた五つの問題以外に、報告において提起されたその他の問題で比較的集中していたのは、今後ソ連に学ぶべきか否か、どのように学ぶのかという問題であった。〈340〉

明らかに、スターリン批判が中国に大きな影響を及ぼしていた。ソ連の経験に学びつつ行なわれた中国の第一次五カ年計画と急激な社会主義改造が中間総括され、大きな問題があることが明らかにされたまさにその時に、ソ連から伝えられたスターリン批判が、決定的に、問題の根源を中国の政策それ自体にではなく、ソ連の誤りと結びつけて捉えることに導いたのである。なぜなら、政策それ自体については、先述のように、毛沢東らは「人民大衆の強い支持と積極性によってスムースに進んでいる」と解釈していたからである。薄一波は、「早くも一九五六年に三四の部・委員会の報告を聴取した時、毛主席は何度も、中国経済の発展速度がソ連を超えられる理由は、主に『我々には大衆工作の伝統があり、大衆路線がある』からだ、と語っていた」、と証言している〈507〉。ソ連はここから中国にとって尊敬し学ぶべき先輩という地位を次第に失い、プラス・マイナス双方の鑑というよりは、むしろ矛盾が顕在化した際の反面教師の役を負わされることになっていく。

3　楽観的な国際情勢認識

ただし、毛沢東らがソ連を「戒めの鑑」に転落させたのは、同じ時期に現れたアメリカの脅威に対するきわめて楽観的な見方とも、密接に関連していた。薄一波は次のように証言している。

三四の部・委員会の取り纏め報告が終わった後、政治局は数回会議を開き、そこから導かれることを討論した。わが国の社会主義建設を手配することは、国際情勢と密接な関係があり、国防建設と経済建設の関係や沿海工業と内陸工業の関係などの問題を考えることは、将来戦争が勃発する可能性を見積もることと直接関わるために、政治局会議の討論は、十大関係に概括されたもの以外は、中心は国際情勢の分析であり、戦争勃発の可能性を見積もる問題であった。

このように記し、次のように続けている。

二つの大きな国際会議が非常に強い影響を及ぼしていた。一つは一九五五年四月にインドネシアのバンドンで開かれたアジア・アフリカ会議で、世界の平和と協力を促進する十項目の原則［平和十原則］が提起された。二つ目は、一九五四年四月から七月まで開かれたジュネーヴ会議で、インドシナの停戦を実現した。両会議が成功したので、世界の平和と協力を求める勢力の影響が徐々に強くなり、帝国主義に軽々しく武力を用いさせなくした。一九五五年末から一九五六年初め、わが党中央は次第に国際情勢が緩和に向かっていると感じるようになった。政治局会議は、新たな対中侵略戦争あるいは世界大戦は短期間内には起こらず、おそらく一〇年ないしそれ以上の平和な時期が出現するだろうと考えた。〈342〉

この二つの会議で、中国は大きな役割を果たして、その国際的地位を高めた。アメリカもその影響力を無視できなくなり、一九五五年八月から米中の大使級会談がジュネーヴで開かれるようになった（山際 1997：284–87）。こうした状況がアメリカに対する軍事的な危機意識を緩和させ、同時にソ連への依存度を低下させたのである。

こうしたことは、当然、国内政策にも大きな影響を及ぼすことになる。薄は先の引用に続けて、次のように証言している。

周総理が一九五六年一一月一〇日に八期二中全会の報告で伝えたところによると、このような分析に基づいて、毛沢東同志は政治局会議で、現在は国防工業のペースを落とし、重点的に冶金工業・機械工業と化学工業を強化し、基礎を固め、他方で原子爆弾、ミサイル、リモートコントローラー、長距離飛行機を手に入れて、他はちょっとやるだけでいい、と提起

した。〈342〉

別な所でも、次のように記している。

毛主席は、「現在全世界でどこでも軍事費を減らして平和な経済を発展させる問題を議論しており、イギリス・フランスが最も多く、アメリカも時にはしぶしぶ少し議論をしている。現在は平和な時期であり、軍事行政の費用の割合が大きすぎるのはよくない」、と語った。〈344〉

薄によれば、こうした情勢認識に基づいて、「政治局会議は、国防工業の発展のペースを緩やかにして、各類の経済の割合をかなり良く按配することを決定した。これが十大関係の配置であり、特にはじめの五大経済関係の重要な一環である」と〈342〉。

4 「十大関係論」

三四の部・委員会の報告が提起した主要な問題点について、薄一波は次の五点にまとめている。第一は「産業構造に関する問題であり、主要には農業・軽工業と重工業の割合の問題で」、投資が重工業に偏重していることが生み出した矛盾である。「第二は生産力の配置の問題であり、主要には沿海工業と内陸工業の関係の問題で」、建設が内陸部に偏重していることが生み出した矛盾である。これらはいずれも経済の論理以上に国防の観点を重視したことから生じた矛盾であり、第三はその「国防工業の建設の規模と速度の問題で」、「国防工業の建設規模が過大で、要求が速過ぎることが、工業建設全体を逼迫させること、これが三四の部・委員会の報告の中で提起された最も尖鋭な問題であった」。「第四は経済体制の問題であり、主要には国家・集団・個人の権利・責任・利益分配の問題で」、企業や農業生産合作社の自主権のなさや、労働生産性の向上に比しての職員・労働者の実質賃金上昇の低さ、などが問題とされた。「第五は経済とその他の事業に対する国家の管理体制の問題であり、主要には中央と地方の関係の問題で」、過度の中央集権のために地方が積極性を発揮できないことである〈334-340〉。毛沢東が後に、「十大関係の中では、工業と農業、沿海と内陸部、中央と地方、国家・集団と個人、国防建設と経済建設の、この五つが主要なものだ」〈340〉と語ったように、これらが彼の『十大関係論』の骨格になっていく。

毛沢東は五六年四月二五日の政治局拡大会議と五月二日の最高国務会議で、二度「十大関係論」の講話をしている。十大関係とは、①重工業と軽工業・農業、②沿海工業と内陸工業、③経済建設と国防建設、④国家・生産単位・個人、⑤中央と地方、という「主要な」諸関係に、⑥漢族と少数民族、⑦党と党外、⑧革命と反革命、⑨是と非、⑩中国と外国、という諸関係を加えたものである。薄一波によれば、二回の講話は「一〇個の小見出しは同じだったが、内容は異なる所があ」り、「四月二五日の講話はスターリンを批判する内容がいささか多」かったという〈343〉。

この「十大関係論」は九年後、文化大革命の直前の一九六五年末に整理・印刷され、党内文書として「県・団以上の党委員会の学習のために配布された」。この時の整理は、一回目の講話を基礎にして二回目の一部も取入れるものだったが、その際、「農業・軽工業・重工業の関係と民族の関係を取扱った際のソ連と東欧国家に対する批判、スターリンに対する批判、さらには戦争の危険を高く見積もり過ぎていたこと、沿海工業の発展の軽視、いくつかの面でソ連の欠点や誤りをそのまま踏襲したことなどに関する内容は、すべて収められなかった」、という。さらに一〇年後、毛沢東が死去する前年の七五年に、胡喬木*が取仕切って再整理がなされた。これが毛死後の一九七七年に刊行された『毛沢東選集』第五巻に収録され、現在我々が見ることができる「十大関係論」である。薄一波は再整理の作業について、「一九六五年に整理された原稿では収められなかった多くの内容を回復しており、文章も少なからず手を加えている。しかし、当時の国内外の情勢を考慮して、やはりいくつかの内容はなお収めなかった」と記して、主に第一回目の講話の記録に基づいて、「ソ連を戒めとすることと国際情勢の問題に関して話した内容について」、かなり補足している〈343〉。

＊一九一二―一九九二年。延安時代は毛沢東の政治秘書を務めた。当時は国務院政治研究室の責任者。

このように、「十大関係論」は、アメリカに対する危機意識を緩めた楽観的な国際情勢認識を背景に、「ソ連を戒めとして、わが国がすでに持つ経験を総括する」ものであり、中国はここから「国情に合った社会主義」に突き進んでいくのである。

5 「百花斉放・百家争鳴」の提唱

このような状況の下で、毛沢東は「一九五六年四月二八日の『十大関係論』を討論する政治局拡大会議で、『百花斉放・百家争鳴』を実施しなければならないという問題を提起した」のである〈347〉。薄一波は次のように記している。

毛主席が率先して探求したことは、党内や思想・理論界にも良い影響を及ぼした。一九五六年から一九五七年初めの数ヶ月まで、わが党内に調査と探求の気風が巻き起こされ、しかも私には成果がおびただしかったと思われ、思想・理論界の問題を探求しようとする空気も非常に活発だった。こうした新風の出現は、毛主席が率先して十大関係に対して探求に続く探求を進める過程で、また「百花斉放・百家争鳴」という方針を提起したことと、切り離すこ

とはできない。〈347〉

スターリンやソ連の権威が絶対的だったのは、思想や政治・経済の面だけでなく、科学や文化の面にまで及んでいた。

わが国の科学・文化の領域は、ソ連の学術批判の粗暴なやり方の影響や、教条主義・セクト主義・形式主義の危害を受けたため、ある学派を崇拝して他の学派を抑圧するという現象がかつてはかなり深刻だった。たとえば、遺伝学・生物学では、ソ連のルイセンコ学説を強制的に崇拝させ、西側のメンデル―モルガン学派を禁止し、しかもルイセンコ学説・ミチューリン学説は「社会主義」的で、メンデル―モルガン学説は「資本主義」的だ等々というような、政治的レッテルをみだりに貼付けた。文芸の面での異なる流派に対する対応でも、類似した問題があった。〈347〉

ここで言われる「ルイセンコ学説・ミチューリン学説」というのは、ソ連の生物学者・農学者のT．ルイセンコ（一八九八―一九七六年）が、生物学者で園芸家であったI．V．ミチューリン（一八五五―一九三五年）の交配理論を支持して、環境因子が形質の変化を引き起こし、その獲得形質が遺伝すると主張して、メンデルの遺伝理論や「遺伝子」の概念を否定した学説である。スターリンが「マルクス・レーニン主義の弁証法的唯物論を証明するものだ」としてルイセンコの学説を支持し、それに反対した多くの科学者が強制収容所に入れられたり処刑された結果、ソ連の農業生産や分子生物学・遺伝子工学などに多大な悪影響をもたらした。そのような学説が、中国の生物学や農法にも大きな影響を及ぼしていたのである。そうした絶対的な権威が失われ、「国情に合った社会主義」を目指す時、新たな思想・理論が積極的に模索されねばならず、それは「国際的休戦期間」だと考えられたこの時にこそ、本格的に開始されねばならなかった。*

＊拙著（奥村 1999）の一四七頁では、双百運動がポーランド・ハンガリーの事件を受けて提起されたと記しているが、最初に提起されたのはそれ以前であり、誤った記述である。

薄一波は次のように証言している。

一九五六年四月二八日の「十大関係論」を討論する政治局拡大会議で、……毛主席は次のように語った。「『百花斉放・百家争鳴』を、我々の方針にすべきだと思う。芸術問題における百花斉放、学術問題における百家争鳴だ。学術を語るなら、こんな学術でもよいし、あんな学術でもよく、ある学術で他の学術を圧倒してはいけない」と。五月二日、十大関係について二回目の話をした最高国務会議で、討論の結論を出す時、毛主席は次のようにはっきりと宣言した。「芸術面での百花斉放の方針、学術面の百家争鳴の方針は必要で、この問題は前に話したことがある。百花斉放は文芸界が提案したもので、後にある人が私に何字か書くよう求めた時、私は『百花斉放、推陳出新』［たくさんの花が咲き乱れ、古いものの中から新しいものを取り出す］と書いた。今春が来たのだから、百の花すべてを咲かせ、いくつかは咲かせて他は咲かせないということはしてはならず、これを百花斉放というのだ。百家争鳴は諸子百家で、春秋戦国時代という二千年前の頃、多くの学説があり、みんなが自由に論争したが、今我々にもこれが必要だ」。「中華人民共和国憲法の範囲内で、いろんな学術思想で、正しいのであれ間違っているのであれ、彼らに語らせて干渉をせず、ルイセンコなのかルイセンコではないのかは、我々もはっきりさせない。あれほど多くの学説、あれほど多くの自然科学があるのだから、社会科学でもこの一派、あの一派で、彼らに語らせて、雑誌にでも新聞にでもいろんな意見を語ってよいのだ」と。〈347-348〉

こうして五月二六日、中央宣伝部長の陸定一（一九〇六―一九九六年）が科学者や文芸家を招き、「百花斉放・百家争鳴」（双百）運動を呼びかけたのである。その背景には、アメリカに対する危機感の緩和、「戒めの鑑としてのソ連」認識とともに、社会主義改造が元々の想定を遥かに越えた速度で進んだことからくる、自信と余裕があった。

第2節　大躍進へ

1　猛進傾向の発生

一九五六年九月に開催された中共の八全大会にも、こうした毛沢東らの自信と余裕が現れている。八全大会は従来、周恩来ら実務官僚が中心になって猛進を抑え、相対的に穏健な経済建設を提起したと、比較的高い評価がなされている。そのような面は否定できないが、八全大会の決定がなされた国内外の背景と、毛沢東が決定に対してどう考えどう関わっていたのかについては、必ずしも明確ではない。その結果、後の事態からの類推による、単純な毛沢東ら猛進派と周恩来ら反猛進派の対立として描く傾向が見られる。

薄一波は「猛進傾向」の発生を、一九五五年一二月五日の座談会で、劉少奇が「右傾保守思想を批判し過渡期の総任務の繰上げ達成を勝ち取ることに関する」毛沢東の指示を伝達したことから記述している。薄によれば、毛の指示の大意は次のとおり。

毛主席は、「我々は当面の国際的休戦の期間を利用し、この国際的に平和な時期を利用し、さらに我々の努力を加えて、我々の発展を加速して、社会主義工業化と社会主義改造を繰上げ達成しなければならない」、と言われた。八全大会の準備作業について毛主席は、「中心思想は、右傾思想に反対を唱え、保守主義に反対しなければならないというものだ」、と提起された。建設を加速しなければ、農業や民営商工業はまだ改造されず、工業は発展しておらず、将来ひとたび戦争を始めると、我々の困難はさらに大きくなるだろう。だから、あらゆる仕事はみな保守主義に反対しなければならない。毛主席は、「我々には前進できる道が数本あり、数本の道を比べて、比較的合理的で正しい路線を選ばなければならない」、と言われた。通常の道によるなら、時間は長く引き延ばされ、成果も大きくはなく、これは保守路線だ。現在各方面の仕事はみな情勢の発展に遅れており、我々の少なからざる同志がこの保守路線を歩んでいる。工業部門は驕ってはならず、頑張らねばならず、そうしなければ両翼が前に行って主体が追いつかないという現象が現れる。客観的事物の発展は不均等で、均等は不断に突き破られるのがよいのだ。バランス（に基づいて）仕事をする必要はなく、バランスに基づいて仕事をする単位には問題がある。

これについて薄は、

〔劉〕少奇同志の伝達によれば、毛主席の意図は「各方面の右傾保守主義を批判する」ことで、批判の範囲は経済建設の各領域にまで広がっていた。社会主義改造の高揚が形成されたことが、農業、工業、交通運輸業、商業、科学・文化教育、衛生事業の発展に対して、すでに強大な圧力になっていた。今これらの領域の「右傾保守」思想をまた批判したので、圧力は当然一層大きくなったのだ。

と記している〈367-368〉。

2 経済官僚の当初の対応

しかし、これは必ずしも毛沢東個人に帰することはできず、周恩来や当の薄一波ら経済官僚もまた、こうした考えからまったく自由だったわけではない。後の大躍進のスローガンになった「多く早く立派に無駄なく」(「多快好省」)について、薄一波は次のように証言している。

一九五六年の『人民日報』の元旦の社説「五カ年計画を全面的に繰上げ達成し超過達成するために奮闘しよう」は、多いし、早いし、立派だし、無駄もない〔又多、又快、又好、又省〕という要求を明確に提起した。私の理解では、「多快好省」が提起された過程は、次のとおりだ。〔劉少奇が毛沢東の指示を伝達した〕一九五五年一二月五日の前に、周総理と私が「多」・「快」・「好」の三字を提起し、毛主席は全面的に同意し、そこでくっ付けて「早くなければならず、立派でなければならず、多くなければならない」〔要快、要好、要多〕と提起した。李富春同志*が後に「省」という一字を補充した。すぐ後で、中華全国総工会が出した文献の中に、「早く、多く、立派に、無駄なく」〔快、多、好、省〕という言い方が現われた。『人民日報』の社説は、文字の調整をした後、また「多・快・好・省」の順で発表したのだ。この社説は、表題から内容まですべて、情勢がそう迫っているのだという気炎に満ちていた。〈370〉

後の大躍進のスローガンは、周恩来ら実務官僚が提起していたのである。

＊一九〇〇―一九七五年。経済政策の責任者の一人。当時は国務院副総理で、国家計画委員会主任。

また、次の証言もある。

周総理も一九五五年第四・四半期には、他の指導者同様、起こったばかりの生産建設の高揚に喜び勇んだ。一二月五日の座談会において、〔劉〕少奇同志が各方面で「右傾保守」を批判することに関する毛主席の指示の意義を伝達し終わった後、彼は、各方面の工作がいずれも認識が現実に遅れていることに関する毛主席の批判を擁護する、と表明している。彼は新たに作った対句を読むことで、毛主席の批判を体得していることを表現した。対句の上の句は、客観的可能性は主観的認識を超える、であり、下の句は、主観的努力は客観的必要に遅れる、だった。彼はまた、「新大陸はつとに存在していたが、我々が発見したのは非常に遅かった」と語っている。一二月二一日に召集した国務院の全体会議において、彼は『農業一七条』を「推進力」だとみなし、各部に一九六七年に食糧を一兆斤［五億トン。一斤は〇・五kg］生産するという精神に基づいて、もとの立案計画の目標を修正するよう求めた。〈373-374〉

この時に周恩来が「推進力」だとみなした『農業一七条』とは、国務院の各部の報告を国家計画委員会が取り纏めた将来計画構想に不満だった毛沢東が、一一月中旬に「華東・中南・東北と華北の一五の省・市・自治区の党委員会書記の会議を開いて」導き出したもので、薄によればその最も重要な条項は次のとおり。

一九六七年になると、食糧の畝《ムー》［一畝《ムー》は六・六六七a（アール）、1／15ha］当り年平均生産量は、黄河・秦嶺・白龍江・黄河（青海省内）以北の地域は、一九五五年の一五〇斤［七五kg］余から四〇〇斤［二〇〇kg］に増産すること。黄河以南・淮河以北の地域は、二〇八斤［一〇四kg］から五〇〇斤［二五〇kg］に増産すること。淮河・秦嶺・白龍江以南の地域は、四〇〇斤［二〇〇kg］から八〇〇斤［四〇〇kg］に増産すること。綿花の畝当り生産量は、それぞれ六〇斤［三〇kg］、八〇斤［四〇kg］、一〇〇斤［五〇kg］に到達すること。各地はそれぞれ一年、一年半あるいは二年は十分な余剰食糧を貯蔵すること。またある条は、一九五六年から一二年以内に一億四〇〇〇万畝［約九・三三万㎢］を開墾し、一九六七年には全国の耕地面積は一八億畝［一二〇万㎢］前後に達すること、というものだった。

その結果、次のようになる。

見積りの中の耕地面積と単位面積当り生産量で計算してみると、一九六七年の食糧生産量は六千億斤［三億トン］ではなく一兆〇六三二億八千万斤［五億三一六四万トン］で、主管部門がもともと計画していた目標を八〇％近く超過する。一九六七年の綿花生産量は五千六百万担［二八〇万トン。一担は五〇キログラム］ではなく一億二〇〇〇万担［六〇〇〇万トン］で、もとの想定の一倍余り超過する［倍以上になる］。〈369〉

このような目標に、そもそも達成できる現実性があったのか。

わが国の食糧生産量は、一九六七年には四三六五億斤［二億一八二五万トン］で、また一七年たった一九八四年になって、やっと八一四二億斤［四億〇七一万トン］に到達した。……わが国の綿花生産量は、一九六七年には四〇七〇万担［二〇三・五万トン］で、今までのところ、記録的な生産量は一九八四年の一億二一五四万担［六〇七・七万トン］で、一九八八年には八四〇〇万担［四二〇万トン］に下がった。一九九〇年に新たな豊作をえたが、それでも八六二〇万担［四三一万トン］でしかなかった。……たとえ「大躍進」や「文化大革命」の初めの二年のような大きな曲折がなかったとしても、一九六七年に……目標に達するのはやはり不可能だったのだ。〈373〉

周恩来らも確かに「他の指導者同様、起こったばかりの生産建設の高揚に喜び勇ん」でいたのである。

ソ連認識の変化にともなう自己認識の変化も、さらに猛進に拍車をかけた。先述の三四の部・委員会の報告では、毛沢東はしばしば口を挟み、「我々の工業の発展速度はソ連の当初いくつかの五ヵ年計画に束縛されてはならず、我々の速度はソ連の当初いくつかの五ヵ年を超えられる」と語った。この時に、有名な「一窮二白」論（中国は一に貧乏、二にまっさらで、なんの重荷も負っていないからこそ発展が速いのだ、という議論）を提起している。〈372〉

3　猛進反対と八全大会

しかし、指導部のこのような姿勢は、上部に対して忖度し迎合しようとする下部が、競い合って猛進していく状況を導く。

一九五六年初め、「右傾保守」を批判し工業化を繰上げて実現しようとするスローガンが鼓舞する下で、各部の専門会議は、一五年の将来構想と『農業四〇条』〔『農業一七条』〕が拡大したもの」が規定している一二年あるいは八年の任務を、五年、極端な場合三年で繰上げ達成するよう、次々に要求した。極力先を急ごうとすれば、生産能力を準備して、基本建設を早めねばならない。〈374〉

「右傾保守」の批判は必然的に「左傾急進」を導き、周恩来自身が、「各方面が千軍万馬で、跳びはねて来て」、「基本建設がひたすら多くて、乱れてしまい、各方面が逼迫した」と言う事態になった。ここにいたって初めて、「このようにしては駄目だと彼〔周恩来〕に感じさせ、そこで経済工作を主管する何人かの副総理〔陳雲・李富春・薄一波ら〕とともに、猛進防止から猛進反対へと進む」ことになったのである。〈374〉

猛進を防ぎそれに反対する鍵は、基本建設投資のコントロールにあった。一九五六年一月下旬から、周総理は集中的にこの面の仕事をした。〈374〉

まず一九五六年の基本建設の目標を圧縮することに努め、継いで第二次五ヵ年計画の修正に取り組む。こうして、第二次五ヵ年計画の最終年度である一九六二年の食糧・綿花・鋼の生産目標について、それぞれ六四〇〇億斤〔三・二億トン〕、七〇〇〇万担〔三五〇万トン〕、一五〇〇万トンという数字が議論されたほどの猛進傾向は、周恩来ら実務官僚によってかなり抑えられた。

結局、それぞれ五〇〇〇億斤〔二・五億トン〕、四八〇〇万担〔二四〇万トン〕、一〇五〇～一二〇〇万トンになって、九月に開催された八全大会で承認されたのである。薄一波によれば、これらの数字に対して、毛沢東は食糧と綿花については受け入れたが、鋼など工業の目標には一致できなかったものもあり、その場合は「上限と下限の融通が利く幅とした」という〈381-385〉。上限は毛の意向に沿ったもので、彼は一五〇〇万トンを主張していたが、押し通すことはなかったことがわかる。

ハンガリー事件後の八期二中全会でも、周恩来らは一九五七年の計画に関する各省・市・自治区からの猛進の動きを抑えたが、毛沢東は前後して次のように語ったという。

〔一九五七年は〕いくつかの方面では必ず一九五六年より適当に縮小しなければならない。国内の階級矛盾はすでに基本的に解決したが、一部の反革命分子の活動にはなお注意すべきだ。……今年の予算で不適切な使用だった二〇～三〇億元を含めて、第一次五カ年計画の八三〇項目にどんな根本的な誤りがあるのか、現在はまだわからない。前進というのは突然進むのではなく、波状的に前進するのだ。退いたり進んだりするが、主要にはやはり進むのだ。幹部と人民の積極性を守らねばならず、彼らの頭に冷水を浴びせてはならない。

これらの発言から、薄一波は

今回の会議の反猛進に、毛主席が異なる意見を持っていたことを見て取れるが、当時は批判を提起することはなく、また一九五七年には「重点を保証し適当に縮小する」という方針に同意していた。一九五八年に反猛進を批判した時には、彼が八期二中全会で提起した七ヶ条は妥協案で、水を遮るのに用いたのであって、反猛進の水をちょっと遮ろうと思ったのだ、

と語った。〈393〉

と証言している。薄は他の所では、当時の毛は「猛進反対に対しては態度を保留していた」〈447〉と記している。毛が「この全会を反猛進の『集中的現われ』と見なした」のは後の時期である〈391〉ことに、注意すべきであろう。八全大会や二中全会の決定に対し、毛沢東は「幹部と人民の積極性」を挫くことを危惧していたが、周恩来らとの違いを強調し過ぎるのも、後の過程に引きずられた議論ではなかろうか。

取り上げるべきもう一つは、社会主義改造後の国内の主要矛盾をどう捉えるかという問題である。八全大会は次のように規定している。

わが国のプロレタリアートとブルジョアジーの間の矛盾はすでに基本的に解決し、……国内の主要矛盾はすでに、先進的な工業国家を建立するという人民の要求と遅れた農業国としての現実との間の矛盾であり、すでに経済・文化の急速な発展に対する人民の需要と当面の経

済・文化が人民の需要を満足させられない状況との間の矛盾である。……党と全国人民の当面の主要任務は、力を集中してこの矛盾を解決し、わが国をできるだけ早く遅れた農業国から先進的工業国に変えることである。（『重要文献』第九冊「中国共産党第八次全国代表大会関於政治報告的決議」: 341-342）

この規定についても、毛沢東と他の指導者の距離は、この時点では大きくはなかった。一二月四日の黄炎培*宛の手紙で、毛自身も「我々の国家内部の階級矛盾はすでに基本的に解決し」た、と記している（郭他 1997、「提出正確処理人民内部矛盾理論」: 386）。

＊一八七八—一九六五年。清末〜中華人民共和国の教育者で職業教育を推進。政治家としては「民主諸党派」の中国民主同盟・中国民主建国会の指導者。

要するに、八全大会の時点では、「当面の国際的休戦の期間」という楽観的な国際情勢認識と社会主義改造の「順調さ」から指導部は自信を持ち、それが改造に基づく急激な経済発展を志向させ、さらにはソ連を「戒めの鑑」とする中国独自の方法がそれを促進させると考えていた点では、それほどの差はなかった。経済建設の投資配分や目標数値のみが議論され、急激な社会主義改造の是非そのものはまったく問題にされなかった。猛進と猛進反対は政策目標の現実性の程度問題であって、八全大会の決定も後の現実からみれば猛進だったのである。

4 「人民内部の矛盾」

この頃東欧諸国は、スターリン批判を機に大きく動揺していた。東欧諸国もまた、まさしくスターリンのやり方で社会主義への改造を行なっており、国内にはそれに基づく不満が高まっていたからである。ポーランドでは、一九五六年六月に西部のポズナンで暴動が起こり、一〇〇名を超えると推定される死傷者を出した。ハンガリーでは、十月に全国規模の蜂起が起こり、ソ連軍が介入して鎮圧した結果、数千人の市民が殺害され、二五万人近くが難民になって国外に逃亡した。

中国国内でも、「一九五六年の下半期から」「いくつかの地域で不穏な兆しがあいついで現れていた」。

不完全な統計によれば、一九五六年九月から一九五七年三月までの半年間で、全国で数十件の労働者のストライキや請願事件が発生し、一件当りの人数は一般に十余人から数十人、多い場合には一〇〇〜二〇〇人で、一〇〇〇人近いものさえあり、全部でおよそ一万人余だった。数十の都市で大学や中学［日本の高校と中学校に相当］の学生のストライキや請願事件があり、これも全部で一万人余だった。農村でも合作社騒動の風潮が連続して発生し、たとえば浙江省の農村では請願・殴打・騒動などの事件が一一〇〇件余発生し、広東省の農村では一一～一二万戸が次々に合作社を脱退した、等々だ。騒動を起こす過程で、「ハンガリー」〔のような状況〕をもたらさねばならぬ！と公然と提起した者がいた。〈400-401〉

しかし、先に示した毛沢東らの自信や楽観は、まださほど動揺はしなかった。急激な社会主義改造自体が問題なのだとは考えもしない毛沢東らは、これらを人民内部の矛盾が現れたものであり、相手を打倒しなければ解決できない敵・味方の矛盾とは明確に区別して、正しく処理さえすれば解決できる問題だ、と捉えたからである。ポーランドの場合は党がポズナン事件後には正しく処理したから収拾したのに対して、ハンガリーの場合は二つの矛盾を正しく区別して処理できなかったために動乱を引起したのだ、と。そして、一九五六年一一月、ハンガリー事件直後の共産党八期二中全会で、毛沢東は「来年全党で新たな整風運動を展開しなければならない、と明確に宣言した」〈426〉。党自体を大衆から遊離しないよう整頓すれば、国内の人民内部の矛盾を正しく処理できる、と考えたからである。

こうした考えをもとに、一九五七年二月の最高国務会議の拡大会議で、毛沢東は「人民内部の矛盾をどのように処理するか」という講話を行なった。この講話はその後一四回もの修正を経て、最終的には六月に公表される「人民内部の矛盾を正しく処理する問題について」になっていく。しかし、公表されたものは重要な修正（書き足しと削除）がなされており、最初の講話とはかなり異なるものだった。

薄一波によれば、削除された部分はつぎのとおり。「(1)スターリンとソ連に対する批判」。「これは講話の中では分量がとても多かったが、発表の時には一句もなかった」。「(2)若干『左』の傾向がある文章（さらには右の傾向がある文章）に対する批判」。「(3)いろんな具体的実例」。これらが削除された理由については、「当時は公開すべきではなかったから」（おそらく主に(1)）とか、「当時の情勢の必要に応じたから」（同(2)）とか、「あってもなくてもよかったから」（同(3)）等々だ、としている。〈415〉

さらに増やしたものについては、次の三点を挙げている。①社会主義期の階級闘争の状況に関する分析、②「社会主義だけが中国を救える」という論断、③香ばしい花と毒草〔共産党と社会主義にとって好ましいものと排除すべきもの〕を区分する六つの規準。〈415-418〉このうち①について、薄一波はその部分を引用した後に、次のような解説を加えている。

このくだりの話は、ごく少数のブルジョア右派分子が党の整風を援助するという機会を利用して進攻を始めたのを毛主席が見て、徐々に加えていったのだ。二月二七日の「正しく処理」の講話原稿から五月二四日以前の修正まで変わらずに、どれもプロレタリアートとブルジョワジーは思想面、つまりイデオロギー面ではまだ矛盾と闘争が存在していると言っていたが、五月二四日以後の修正では、階級闘争の範囲が次第に拡大され、分量も次第に増やされ、最後には「プロレタリアートとブルジョワジーとの間の階級闘争、各派の政治勢力の間の階級闘争、プロレタリアートとブルジョワジーとの間のイデオロギー面における階級闘争は、まだ長期間で、曲がりくねっており、時には非常に激烈でさえある」に変わってしまった。……毛主席がごく少数のブルジョア右派分子の進攻を重視し過ぎた結果だと言わざるをえない。〈415-416〉

大きな修正を始めた五月二四日の九日前、五月一五日に、毛沢東は「事はまさに変化しつつある」という文章を高級幹部に送っていた。そして、「人民内部の矛盾を正しく処理する問題について」を最終的に公表する一一日前の六月八日に、反右派闘争を正式に開始している。この双百運動から反右派闘争に転換する過程で、毛沢東の考えに大きな変化が生じ、国内の階級矛盾と闘争を重視するようになっていったのである。

5　反右派闘争

先述したように、十大関係論に関する議論とともに双百運動が呼び掛けられたが、党内には消極的な者がいた。知識人たちもまた過去に「武訓伝」批判、『紅楼夢』批判、胡風批判などのイデオロギー闘争を経験して、慎重にならざるをえなかった。しかし、繰返しなされる党の呼びかけによって、一九五七年春には次第に重い口を開き始めていた。

他方、八期二中全会で提起された党の整風は、本来、人民内部の矛盾を解決する一手段としての、党内の批判と自己批判の運動だった。しかし、四月三〇日、毛沢東らは所謂民主党派を含む党外人士を招き、「彼らが共産党の整風を支援することを熱烈に歓迎すると表明した」。また五月四日には、毛沢東は「ここ二ヶ月来、各種の党外人士が参加した会議や新聞・刊行物において展開されている、人民内部の矛盾に関する分析ならびに党と政府が犯した誤りや欠点に対する批判は、党と人民政府が誤りを正し、威信を高めるのに、極めて有益であり、引き続き展開し、批判を掘り下げるべきで、停滞あるいは中断すべきではない」、と指示した〈427-429〉。これらを契機に共産党批判が噴出するのだが、党外人士に対して党批判を要請したのは、むしろこの段階での毛沢東らの自信と余裕を示すものだったのである。

しかし、現実には急激な社会主義改造＝社会主義体制化による矛盾は大きく、個々の問題を突き詰めると結局、根源は党による政治・経済・社会の一元的掌握の問題だということにならざるをえない。こうして「党の天下」（儲安平*）や「マルクス・レーニン主義の小知識人が小ブルジヨアジーの大知識人を指導している」(羅隆基**)ことが批判され、党以外の政治勢力も含む政治協商会議などを政治分野の設計院にするという提言(章伯鈞***)も現れた。こうした状況は、「整風を開始することを決定した時には、予想もしていないことだった」〈431〉。

* 一九〇九―一九六六(?)年。民国期の思想家・政治評論家。当時は『光明日報』の編集長。文革で迫害されて失踪。

** 一八九六―一九六五年。教育家・政治家。中国民主同盟副主席。

*** 一八九五―一九六九年。政治家。中国農工民主党の指導者で、当時は『人民日報』の社長。

これに驚愕した毛沢東は、党に対する批判を要請した僅か二週間後の五月一五日、事態を「右派の進攻」だとする「事はまさに変化しつつある」という文を高級幹部に配った。その中で、次のように書いている。

最近この時期に、民主党派の中等や高等の教育機関の中で、右派がもっとも断固としてもっとも気違いじみて現れており、……彼らは一切を顧みず、中国というこの土地に穀物を害し家屋を破壊する七級以上の台風を引き起こしたがっている。……

……現在右派の進攻はまだ頂点に達しておらず、彼らは機嫌良く有頂天で、……我々はまだ彼らを一定期間血迷わせなければならず、彼らを頂点に到達させなければならない。彼らが血迷えば血迷うほど、我々にとってますます有益になる。人々は魚を釣るのは怖いと言い、あるいは敵を深く誘い込み、集めて殲滅しようと言う。今多くの魚は自分で水面に浮き上がってきており、別に釣らなくてもよいのだ。〈431〉

こうして六月八日に反右派闘争が発動される。「漏れ落しを恐れ」て「『深く掘り下げる』ことを強調し」、「右派」の人数について「機械的にパーセンテージを決め、割合が十分でなければ無理やり掻き集め」られた結果、当初毛沢東が北京で約四〇〇人、全国で約四〇〇〇人と見込んでいた「右派」は〈436〉、党が公表した数字でさえ知識人を中心に五五万人余りとされ、自殺に追い込まれたり職を奪われたりし、後の政治闘争でも吊るしあげられた。

6　大躍進へ

反右派闘争は毛沢東らの自信をやや弱め、国内状況に対する意識を変え、ひいては国際的な警戒心も若干強める契機になった。この点は、八全大会の決定が次第に修正されていったことに現れている。八全大会では先述のように、「わが国のプロレタリアートとブルジョアジーの間の矛盾はすでに基本的に解決し」た、としていた。これに対して、反右派闘争後の一九五七年九～一〇月に開かれた党の八期三中全会で毛沢東は、「去年所有制は変えてしまったが、人は決して変えておらず、改造していない。労働者階級とブルジョアジーの矛盾、社会主義と資本主義の矛盾が過渡期全体の主要矛盾だ」と語り、多くの参加者を驚かせた〈439-440〉。

ただし薄一波が、「けっしてまだプロレタリアートとブルジョアジーの矛盾を敵・味方の矛盾だと見なしてはおらず、ただブルジョア右派との矛盾は敵・味方の矛盾だと考えていただけだ」と強調していることには、注意する必要がある。事実、毛沢東は「ブルジョアジーは人民内部の矛盾だが、闘争において彼ら（右派）が区切った一部を、敵・味方の矛盾とした」、と語り、また次のように説明している。〈441-442〉

基本的に解決したというのは、決して完全に解決したというのではなく、所有制は解決したが、政治・思想上はまだ解決していない。ブルジョアジーやブルジョア的知識人・富裕中農の一部の人が承服していないことを、八全大会でははっきりわかっておらず、だから当時階級闘争について十分に強調できなかったのは、彼らが従順さを示していたからだ。今彼らはまた謀反を起こしたので、また強調せねばならず、……。

この史料からは、八全大会にいたる「猛進反対に対しては態度を保留していた」毛沢東の考えが、反右派闘争を機に変わったことも見てとれる。

要するにこの時期の毛沢東は、ブルジョアジーとプロレタリアートの矛盾は政治・思想上はまだ解決しておらず、主要矛盾ではあるが、一部（右派）を除けば敵・味方の矛盾ではなく人民内部の矛盾だと考える一方で、「先進的社会制度と遅れた社会的生産力の間の矛盾」も重視していた。国内の一部勢力とその背後にいると考える帝国主義に対する警戒は若干強まったが、他方で第一次五ヵ年計画も繰上げ・超過達成されており、社会主義改造に対する自信もむしろ強まっていたのである。そして、次第に「戒めの鑑」になり下がりつつあったソ連が、アメリカに先駆けて、一九五七年八月に大陸間弾道弾（ＩＣＢＭ）の発射、一〇月に人工衛星の打ち上げに成功したことが、さらに自信を強めさせた。独自のやり方をすれば、中国はそのソ連以上に発展できると。

こうした考えの下で、一一月のモスクワの共産党・労働者党代表会議で、フルシチョフがソ連は一五年でアメリカを追い越すと言ったのを受けて、毛沢東も一五年でイギリスに追いつき追い越すとぶちあげた。すでに農村では、集団化を大前提とした人海戦術による冬季田畑水利建設運動に、何千万もの農民が動員されていた。こうして、猛進は止められなくなり、「大躍進」に突き進んでいく。そもそも主要矛盾を「先進的社会制度と遅れた社会的生産力の間」に求めた八全大会の提起自体が、きっかけさえあれば容易に猛進に向かいうるものだったのである。

第四章　廬山会議と認識の大転換

第1節　大躍進と廬山会議

1　猛進反対への批判

先に見たように、八全大会での猛進反対に対して薄一波は、「毛主席が異なる意見を持っていたことを見て取れるが、当時は批判を提起することはな」かった、と記している。もしも彼が「批判を提起」していたら、八全大会の結果にはならなかったことは確かであろう。この点について、薄は他の所で、次のように記している。

……ただし当時の彼［毛沢東］の注意力は国際的に発生したポーランド・ハンガリー事件とスターリンへの評価の問題に集中しており、猛進反対に対しては態度を保留していた。一九五七年下半期に状況に非常に大きな変化が生じた。国際的には、ポーランド・ハンガリー事件がもはや過去になった。国内では反右派闘争が基本的に終わり、各級の幹部は整風を経て工作のやり方を改善した。冬季田畑水利建設のブームが現れていた。第一次五カ年計画が繰上げ・超過達成され人々が奮い立った。情勢の発展にともなって、毛主席は猛進反対のやり方に批判を提起し、猛進反対は大衆がまさに漲らせている生産への情熱を束縛し、大衆の積極性に冷水を浴びせ、建設の速度を緩め、躍進という情勢の出現を阻んでいると考えた。〈447〉

八全大会では「態度を保留していた」毛沢東が、その後の「情勢の発展にともなって」、猛進反対への批判に舵をきったのである。そして、

一九五七年九～一〇月に北京で開かれた八期三中全会が、猛進反対への批判の始まりだった。一〇月九日の閉幕式で、毛主席は次のように語った。一九五五年に高まりが来て、一九五六年にしてやられ、右傾が来て、たるみが来た。主に三つのものが一掃され、一つは多く早く立派に無駄なくで、一つは「全国農業発展綱要」で、もう一つは促進委員会だ、と。また次のように語った。一九五六年の欠点は基本建設に三〇億元も余分に使い、役に立たない六〇〇万台の二輪二刃犁を生産してしまったことだ。これは臨時の促退［後退を促す］グ

ループを組織して解決できるが、共産党の全体の方針は促進であって、促退ではない。共産党は促進委員会であるべきで、国民党だけが促退委員会なのだ、と。毛主席は一掃されたこの三つのものを「復活」させねばならぬ、と提起したのだ。〈447〉

「三つのもの」の最初の一つは、次のことが背景にある。先述の「多く早く立派に無駄なく」のスローガンに関して、

「右傾保守」を批判し生産・建設を展開する高揚した雰囲気の下で、人々はさらに多く早くに注意して、立派に無駄なくというのを軽視しやすかった。しかも「多く早く」と言うのは、また常々「立派に無駄なく」を犠牲にすることを代償とした。これに鑑みて、周〔恩来〕総理は第二次五カ年計画草案の三回目の修正の際、ある重要な部分で「多く、早く、立派に、無駄なくの精神で」という文字を削除した。これが毛主席の注意を引いた。後に反猛進を批判する際、このことが何度も持ち出された。〈385〉

二つ目の「全国農業発展綱要」は、正式名称は『一九五六～一九六七年全国農業発展綱要』という。一九五六年一月に先述の『農業一七条』に鼠・雀・蝿・蚊の撲滅や不識字者の一掃などを加えて四〇条に拡大したもので、『農業四〇条』とも呼ばれる〈370-371〉。先に記したように、周恩来は当初毛が主導した『農業一七条』の目標数値を積極的に支持していたが、後に猛進反対

の一環でそれを抑え込んでいる。また三つ目は、一九五六年度の基本建設投資を一四七億元に抑え込んだ二つの会議を、後に周恩来が促進会議をもじって「何回も冗談で『二月促退会議』と呼んだ」〈375〉ことを皮肉ったのであろう。

こうして、毛沢東は以後の一連の会議で猛進反対への批判を展開し、八全大会を否定していく。薄一波によれば、その「過程で、柯慶施同志に対してとても満足し、柯が一九五七年一二月二五日に上海市の党代表者会議で行なった『風に乗り波を破って、社会主義の新上海の建設を加速しよう』という報告を、何度も取り上げた」という〈449〉。毛の猛進反対への批判の結果、一九五八年五月、実質的な党大会のやり直しである八全大会第二回会議が開催されたのである。

この会議の決議は、次のように指示している。

会議は党中央が毛沢東同志の新たな提議に基づいて提起した、大いに意気込み、常に高い目標を目指し、多く速く立派に無駄なく社会主義を建設するという総路線［基本政策方針］に、一致して同意した。会議は全党の同志に次のように呼掛ける。一心同体で、全国人民を団結させ、整風運動を引続いて完成させることを基礎に、この社会主義建設の総路線を徹底的に実行し、経済戦線・政治戦線と思想戦線における社会主義革命を継続して進めると同時に、積極的に技術革命と文化革命を進め、一五年あるいはもっと短い期間内に、主要な工業製品の生産量の面でイギリスに追いつき追い越し、『全国農業発展綱要』を繰上げて実現するよう努力し、できるだけ早くわが国を近代工業・近代農業と近代科学文化を備える偉大な社会主義国家に作り上げるために奮闘しよう。〈472〉
猛進反対を推進した周恩来・薄一波らは、会議での自己批判を余儀なくされた。これに基づいて、「大躍進」政策が全面的に発動されるのである。

2　大躍進

「『大躍進』の発動は、農業から始まった」〈478〉。「修正後の農業四〇条が事実上の『大躍進』を発動する綱領になった」〈479〉。薄の回想録からの引用によって、以後の過程を簡単に見ていこう。

空前の規模の農業水利建設運動の盛り上がりが、実質的に農業の「大躍進」の進軍ラッパを吹いたのだ。水利建設が高揚する中で招集された南寧会議で、毛主席は農業発展綱要四〇条を繰上げて実現する問題を提起した。……〈479〉
南寧会議以降、浙江・広東・江蘇・山東・安徽・江西などの省委員会は、五年あるいはやや長い期間で、食糧生産を農業発展綱要が規定する目標に到達させる、と提起した。……党中央と省委員会の要求がこのように急では、下部は当然一層「ただ朝夕を争う〔寸刻を惜しむ〕のみ」だった。……〈480–481〉

高すぎる目標、成果を急ぎすぎる要求、大弁論によって道を拓くという風を吹かせる式の指導方法がもたらした副作用の最大のものは、やはりこれによって引き起こされた各級幹部の誇張風潮だった。誇張は、まずは点の上での誇張だった。それより前に、ソ連が二つの人工衛星を発射しており、全世界に大変大きな震撼を引き起こし、少なからぬ人々が自らのでっちあげた所謂高い生産の典型を「衛星を打ち上げた」と呼び、一時期はやった流行語になった。六月八日、新聞が真っ先に河南省遂平県が畝《ムー》当り小麦生産で二一〇五斤〔一〇五二・五kg〕の「衛星」を打上げたと報道し、六月二六日にはまた、江西の貴渓の畝《ムー》当り水稲生産が二三四〇斤〔一一七〇kg〕という「衛星」を報道した。直後に、「衛星」は打上げるごとに大きくなった。小麦の「衛星」の畝《ムー》当り最高生産は、九月二二日の『人民日報』が報道した青海の賽什克農場の八五八五斤〔四二九二・五kg。反当りで計算すると約六・四四トンになる〕であり、水稲の畝《ムー》当り最高生産は『人民日報』が九月一八日に報道した広西の環江県紅旗農業社の一三万〇四三四斤〔六万五二一七kg。反当りで計算すると約九七・八三トンになる〕だった。小麦・水稲の「衛星」以外に、『人民日報』やいくつかの省の新聞で、また玉蜀黍・高粱・粟・薩摩芋・胡麻・カボチャ・里芋・空豆・リンゴなど、二八種の農作物や野菜・果物の高い生産の「元帥」［本来は軍人の階級の最高位だが、ここでは先の「衛星」と同様の意味］が連続して発表された。

ひっきりなしの「元帥」の幕開け、「衛星」の大空への飛翔が、何人かの同志の元々冷静でない頭をさらに冷静でなくさせ、唯物論の基本常識に背く話をさせてしまった。……

常識では考えられない穀物の大豊作の典型は、ほとんどが「併田」という方法（つまりすくすく育って熟したかあるいは基本的に熟した多くの作物を、一筆の田畑に移植して一緒にすること）で、でっち上げたものだった。密植の株数に基づいて推算したものもいくつかあり、たとえば山東の寿張県は、一畝《ムー》に粟を四〇～五〇万株密植し、一株の粟は穂が一～二本だから一畝《ムー》では三万斤［一万五〇〇〇kg］だと推算した。しかし、当時各級の指導機関や新聞部門はこれに対して疑いをもたなかった。指導機関はこのような典型を基礎に、一九五八年の穀物・綿花の総生産量に対し極めて楽観的な見積りを出し、一九五九年の計画と長期計画の穀物・綿花の生産量に対して、思いもよらぬほど高い目標を提出した。〈482-484〉

上からの高すぎる要求に、下はさらに高い成果や目標を示すことで応え、これをもとに上がさらに目標を高め、下がまた……という状況が繰返されたのである。これが工業、特に鉄鋼生産にも波及する。
一九五八年の食糧・綿花など農産物の生産量に対する盲目的・楽観的な見積り、また今後はわが国の農業生産は何％かではなく、数十％の速度で年々増加すると考える錯覚が、またもう一つのさらに重要な錯覚を引き起こし、わが国の農業問題は解決し、食糧は食べきれなくなると思わせてしまった。この錯覚から始まって、一連の誤った政策決定がなされ、その一つがつまり農業で工業に圧力をかけ、全党の工作の重点を工業、まずは鉄鋼に移して、大胆に全党・全人民を発動し大々的な鉄鋼生産をしたことだった。……〈486〉
〔一九五八年初めの南寧会議に基づいて〕地方が報告してきた一九五八年の鋼鉄生産目標は七一一万トンだった。……これ以後、鋼鉄の生産量目標は急速に伸びていった。それは、当時誰もがイギリスに追いつく時間はどんどん短縮していけると考えていたことと、密接に関係している。……〈487–488〉
……五月一八日、毛主席は……李富春同志の意見を容れて、少し融通を利かせて、「七年でイギリスに追いつき、さらに八年あるいは一〇年でアメリカに追いつく」ことを明確に提起した。
イギリスに追いつくために想定された時間が次第に短縮しつつあるのに鑑みて、第二次

五ヵ年計画最終年［一九六二年］の鋼鉄生産量の目標は次第に高められていき、……。〈490〉

……その時、私［薄一波］の頭もとても熱く、しかも八全大会第二回会議で猛進反対問題について自己批判したばかりだったので、たとえ違う意見を持っていても堅持しづらく、そのため私も鋼鉄の目標を引上げることに同意した。……〈491〉

六月二二日、毛主席は私の「報告要点」に、次のようなコメントをした。「イギリスに追いつき追い越すのは、一五年ではなく、七年でもなく、たった二～三年必要なだけで、二年は可能だ。ここで主要なのは鋼鉄だ。一九五九年に二五〇〇万トンに到達しさえすれば、我々は鋼鉄の生産量でイギリスを追い越すのだ」、と。〈492〉

六月二一日、軍事委員会の拡大会議での講話の中で、〔毛主席は〕我々は三年で基本的にイギリスを追い越し、一〇年でアメリカを追い越すのに、十分な自信がある、と言われた。〈494〉

このような目標が、近代的な製鉄工場の建設や増産だけではとうてい不可能なことは、明らかだった。そこで推進されたのが、地方で農民に伝統的な手工業技術に基づく小さな溶鉱炉（土法高炉）で鉄を作らせることだった。

八月一六日、……毛主席は計画が達成できない危険性を感じ、大いに大衆運動をやり、書記

が指揮を執って全党全民が鋼鉄をやる［作る］ことを決定した。〈494〉

これによって、全国で製鉄経験のない九〇〇〇万人の農民たちが、土法（伝統技術）にもとづく溶鉱炉によって、鉄鉱石もない所ではトタン屋根や鍋・釜、農具さえも溶鉱炉に投げ入れたりして、ほとんど使い物にならない粗悪な鉄を大量に作ったのである。

3　人民公社と「共産主義社会の実現」

以上からもわかるように、「大躍進」は極端な人海戦術を頼りにしていた。そのためには、特に農村でさらなる組織化が必要とされる。

一九五七年の冬から、一九五八年の春にかけて、全国で数千万から一億にのぼる労働力が出動して、田畑水利の基本建設を大いにやり、それによって「大躍進」の幕を開けた……。またしく田畑水利の基本建設などの大衆運動［実際はもちろん大衆動員］が発展したために、毛主席や他の指導的同志たちに農村の基層組織の構造を変えようという考えの芽生えを促した。……〈511〉

田畑水利建設を大々的にやることを中心とした農業生産の高まりの巻き起こり、地方工業の至る所での華々しい発展は、農村労働力の逼迫をもたらした。いくつかの地方ではできるだけ労働力をまわして工農業生産に用いていくために、簡易の共同食堂や託児所が出現した。……まさしくこのような状況の下で、中央の指導的同志は新たな農村の末端機構の問題について考えを練っていた。……〈513〉

六月一四日、〔劉〕少奇同志は全国婦女連合会の党組織と話をし、家事労働の社会化という意見を提出し、農村で共同食堂・託児所や養老院を大いに運営するよう求めた。三〇日、「北京日報」の編集者と話をし、三〇〜四〇年ですぐに共産主義社会に進むことができる、と提起した。共産主義の基層組織については、今すぐに実験を始めなければならない、と。〈516〉

こうした中で、いくつかの農業生産合作社が合併した大合作社化が進行し、さらには郷（行政村）という地方統治機構とも合併して、人民公社（公社は中国語でコミューンのこと）が誕生する。

一一月二七日に中央農村工作部は、一〇月末までに、農村にはあわせて人民公社が二万六五七六社あり、参加している農家は農家総数の九九・一％だと報告した。ここにいたって、わが国の農村の多数は一九五六年上半期に七〇万余の高級農業生産合作社を樹立していて、たった丸二年で、二万余の政社合一の人民公社に取って替られた。平均およそ二八の農業生産合作社が、一つの公社に合併した。一〇月末までの不完全な統計では、全国の農村があわせて二六五万余の共同食堂を開設しており、食堂で食事をする人は農村総人口の七〇～八〇％から九〇％に至った。すでに託児所・幼稚園は四七五万、養老院は一〇万余建てられた。河北・貴州・遼寧など二〇省・市・区あわせて、民兵の師団を一〇五二個、民兵の団を二万四五二五個設立した。〈526〉

人民公社は農村の農業・工業・商業・教育・軍事のすべてを担う、社会の基本単位とされた。人民公社の下には、旧高級社レベルの生産大隊、その下には旧初級社レベルの生産隊があった。日中戦争下で国民政府が採用した新県制は、県の下に郷―保―甲という機構を設けるものだったが、そうした国家による農民の掌握が、ここに至って一応の完成をみたといえよう。人民公社では生産や労働だけでなく、共同食堂などに見られるように、私生活の重要な部分も共同になり、そのまま共産主義社会に移行するという展望まで語られたのである。

これらがいかに現実と乖離していたかは、今さら語るまでもないが、ここでは毛沢東が「大躍進」を発動した際の認識を示す、薄一波の次の証言に注目しよう。

一九五七年一一月のモスクワ会議の後、毛主席は何度も講話をして繰返し次のように明らかにした。我々のこの国は、法螺を吹くようになってきて、たいしたものだ。土地は広く物は豊かで、人口は多く、歴史は悠久で、炎帝・黄帝［ともに古代中国の伝説上の帝王］の子孫だ等々と。しかし残念ながら鋼はベルギーに及ばず、食糧の畝《ムー》当り生産量はとても低く、字を知っている人はかくもちょっぴりでしかない。このために、過去に帝国主義が我々を侮り、今もアメリカのダレス*など世界の何人かは、我々が眼中にないのだ、と。毛主席が「大躍進」を発動した理由は、つまりはできるだけ早い期間に、国家を富裕にし、強大にして、当面のこうした受動的で世界で権利がない状況を脱しようとするものだったのだ。〈504-505〉

「たいしたものだ」という自信とともに、「帝国主義」に対する危機感が弱かったことが窺える。読者には、ここでの「我々が眼中にないのだ」という、ダレスに対する言及の仕方を覚えておいて欲しい。

＊ジョン・フォスター・ダレス（一八八八―一九五九年）。アメリカの共和党の政治家。第三四代大統領（ドワイト・デビット）アイゼンハワー（一八九〇―一九六九年）の下で国務長官を務めた。

4　廬山会議(1)――左傾の是正へ

「大躍進」運動は九～一〇月に頂点に達するが、それは当然、現実との乖離が隠しようもなく露わになって行く過程でもあった。薄一波は次のように証言している。

「勝利で有頂天になる」という雰囲気の下で、毛主席は「六億の神州［中国］はみな堯・舜［ともに古代中国の伝説上の帝王］」という熱気むんむんの状況を賞賛はしたが、真っ先に冷静になっていった。真実の状況をはっきりさせるために、一〇月一三〜一七日、出張して視察し……た。〈566〉

一〇月三一日、毛沢東はまた専用列車で鄭州に行き、その途中で保定・石家荘・邯鄲・新郷に着くたびに、現地の幹部と会見し、報告を聴いた。これらの幹部の多くはまだ大躍進の雰囲気を残していたが、「接触を通して、感性的認識を得たことは、なお有用だった」という。そして鄭州で会議を開き、その中で「毛主席は……党の高級幹部に『温度を下げる』工作をし始めた」という〈567〉。「『大躍進』の中で氾濫していった『左』の誤りに気付いた後、毛主席は一九五八年一〇月中旬から一二月にかけて、『左』を是正し始めるために、二ヶ月余りひたすら奔走し昼夜兼行で非常に張りつめて仕事をした」〈574〉。こうして、「一九五八年一一月初めの鄭州会議から、一九五九年七月中旬の廬山会議の前期まで、毛主席と党中央は一連の重要会議を続けざまに招集し、全党が努力してすでにわかっている『左』傾の誤りを是正するのを指導した」〈566〉。

翌一九五九年二〜三月の第二次鄭州会議以後、人民公社のあり方が検討され、四月初めの中央政治局上海拡大会議の「人民公社の一八の問題について」という会議紀要では、「生産隊を基本計算単位とし、生産隊の下の生産小隊が生産請負単位だ。このレベルの組織の積極性や責任感を強めるために、生産請負単位としての生産小隊も部分的な所有制と一定の管理の権限を持つべきだ」、と規定された。薄一波は「こうして人民公社の基本所有制は、実質的には元の高級合作社あるいは一部の初級合作社の規模に戻され、問題も比較的うまく解決されたのだ」、と評価している〈581〉。鉄鋼の生産目標を引下げることも、具体的な検討が進められていった〈581–589〉。

こうして、一九五九年七月から開催された廬山会議の初志は、より現実的な建設に軌道修正することを目指すものだった。以下、薄一波からの引用によって、その過程を見ていこう。

……周総理も皆が初めて廬山［江西省九江市の南部にある名山。避暑地としても有名］に登ったときの気持を以下のように語っている。「あの時は、一年間の党の総路線の執行状況に基づいて、一年躍進して、みなとても忙しく、廬山を訪れて経験の総括をしたのだ。主席が言われたことにも、少し休もうという考えが含まれていた。この一年の大躍進の成果は偉大であり、いくつかの問題は、次第に解決しつつあり、すでに少なからず解決し、残ったのもまた解決中で、認識の上では前途は輝いていた。このような気持で、このような考えで廬山に登ったのだ」と。〈596〉

〔七月三日からの中央政治局拡大〕会議は気楽で愉快に開かれ、人々はこれを「神仙会」と称した。……〈596〉

……会議の初期はうまく開かれていたというべきだが、言い訳をして、ひたすら「左」を是正すれば幹部や大衆の意気を挫かせるだろう、と考える人もいた。……七月一〇日、毛主席はグループ長会議で次のような話をした。……毛主席の主旨はやはり、「左」の誤りは批判する必要があるが、いつまでもそれを掴んで放さないというのはいけない。「大躍進」を熱心にやった同志に対しては、批判もするが激励もするべきで、彼らの積極性を挫いてはならない。現在すでに九ヶ月も「左」を批判して、ほぼ十分だ。早く仕事をして、一九五九年の躍進を勝取るべきだ、というものだった。〈597〉

5　廬山会議(2)——彭徳懐の失脚と大躍進の再開

しかし、会議は一通の手紙によって暗転する。

彭徳懐同志は廬山会議で現れた、「短所を庇う」状況に対し大変な焦りを覚えた。……会議はまもなく終わるはずで、彭徳懐同志は一二日午前に毛主席を訪ねて面と向かってちょっと話をしようと思ったが、毛主席はちょうど休息中だったので、そこで毛主席に手紙を書くという方法で自分の意見を述べることに改めた。……彭徳懐同志は結局どのような手紙を書いたのか？一言で言えば、まさに一九五八年の「大躍進」と人民公社化運動の経験・教訓を、真面目に総括するよう求めたのだ。〈598〉

……七月一六日に毛主席はこの手紙に「彭徳懐同志の意見書」という表題を加え、印刷して会に参加した同志に配布した。本来なら終了の準備をしていた会議がまた延長され、この後の会議は、基本的にはまさに彭徳懐同志のこの手紙をめぐって進められた。

彭徳懐同志の手紙を討論した前半、つまり毛主席の七月二三日の講話以前は、会はまだ比較的温和に開かれていた。……大変多くの人が彭徳懐同志の手紙に同意していた。……〈602〉

この日［七月二三日］、毛主席は全体会議で長い激烈な講話を発表した。……毛主席は彭徳懐同志の手紙を鋭く批判し、彼が誤りだと思う観点を一つ一つ論駁した。

〔彭徳懐が手紙の中で表現した〕「プチブル的熱狂性」について。毛主席は次のように言った。「五億の農民の大多数は非常に積極的で、食堂をやり、大規模な協力作業をした」のは、貧困から脱するためで、彼らが「より多くやろうと考え、より速くやろうと考えた」のを、「これはプチブル的熱狂性だと言うのか？」、「広範な大衆運動」に対して「冷水を浴びせてはならない！」と。……〈603-604〉

七月二六日、毛主席はまた李雲仲同志（元国家計画委員会の副局長の一人で、後に東北協作区委員会弁公庁総合組組長に転任）が彼に宛てた手紙に、「李雲仲同志の意見書」という表題を加え、二〇〇〇字余のコメントを付け、題を「ある手紙に対する評論」とし、これを二三日の彼の講話の「補充」だと語った。……毛主席はここで、右傾がすでに主要な危険になったと明確に指摘した。

毛主席の二三日の講話と二六日の「ある手紙に対する評論」によって、廬山会議のムードは一変して、状況は急転直下し、「反右傾」の風が猛烈に吹きだした。……〈604–605〉

〈七月三一日と八月一日の中央常務委員会の〉会議は、彭徳懐同志の手紙は「右傾日和見主義の綱領」で、彭徳懐・黄克誠*・張聞天**・周小舟***同志は〈後に軍事クラブと命名される〉「反党集団」を結成し、計画的・組織的で準備し目的を持った活動を進め、党中央・毛主席と総路線に矛先を向けた、と認定した。……〈605–606〉

……会議後、すぐ続けて全党の範囲で上から下まで、威勢がいい「反右傾」闘争が展開された。各級の党組織で、非常に多くの幹部や党員が誤った批判に遭い、少なからざる人が右傾日和見分子とされ、組織的な処分を受けた。一九六二年に審査して冤罪をはらした時の統計によると、この時の「反右傾」闘争で重点的に批判され、右傾日和見分子とされた幹部や党員は、三百数十万人だった。……
「反右傾」が政治上にもたらした深刻な結果は、階級闘争を党内ないし党内高級指導層に引き込んだことだった。……〈611〉
「反右傾」が経済上もたらした深刻な結果が、「左」を是正する積極的なプロセスを断ち切って、「躍進」を継続する高揚を巻き起こしてしまったことだ。〈612〉

＊一九〇二―一九八六年。軍人で当時は総参謀長・国防部副部長。

＊＊一九〇〇―一九七六年。政治家・文学者で、筆名は洛甫。アメリカやソ連での留学経験をもち、中ソ大使を務めたことがあり、当時は外交部副部長。

＊＊＊一九一二―一九六六年。政治家で、毛沢東の秘書を務めたこともある。当時は湖南省党委員会書記。文化大革命で迫害され、自殺した。

こうして「大躍進」はさらに激しく継続され、その結果は躍進どころか悲惨きわまりないものとなったが、問題はこの急転換がなぜ起こったかである。毛沢東の反応は多くの人にとってまったく意外で、薄一波も次のように当惑を隠していない。

廬山会議で、なぜ突然「左」を正すのから「右傾に反対する」への方向転換が生じたのか？これはとても理解し難い気がする。相当長期間、私も困惑を感じた。綿密な思索を経て私は、原因は多面的だが、根本的な原因は毛主席や皆が当時総路線・「大躍進」と人民公社は

動揺させてはならないと考えたことだ、と認識するにいたった。〈607〉
ただし、薄の次の記述はこの転換にいたったもう一つの重要な鍵を提供してくれる。
彭徳懐同志の手紙は毛主席の不満を引き起こした。彼は、手紙には別に何か新しいものなどなく、中に列挙された「大躍進」の様々な問題は、中央が八～九ヶ月間何度も話してきたことを超えるものは別になく、過去の何回もの会議で「意見を出さず」、今「このようなやり方をする」のは、動機が不純だと思った〈602〉。
つまり毛沢東は私信の内容よりもむしろ、彭徳懐がこの時に手紙という形で提起したことに対して、「動機が不純」だと感じたというのである。手紙という形になったのは、先に見たように偶々であった。では、この時とはどんな時期なのか？

第2節　彭徳懐失脚の背景

1　国防の独自化と中ソ関係

経済の実務官僚だった薄一波は、廬山会議についてはもっぱら国内の状況のみ記しているが、わずか一カ所、「党内闘争の深刻な教訓」の部分で、「必ず実事求是でなければならない」として、次のように記述している。

……彭徳懐同志は廬山会議の前に、命令を受けてソ連と東ヨーロッパを訪問したのに、ゆえなく「国際から経典を取得した」と言われ、「外国と通じている」とさえ言われた（廬山会議の後に引続き招集された軍事委員会拡大会議は、彭徳懐同志に無理矢理この罪名を加えた）。〈617〉

以後の展開からも、国際状況に関するこの部分もまた重視されるべきであろう。

これまでも指摘されているように（宇野他 1986）、問題のもう一つの鍵は当時の中ソ関係、およびそれと彭徳懐との関連に求められるであろう。スターリン批判以後、中ソ関係は次第にぎくしゃくしていった。以下、周知の過程をここでも確認しておきたい。

スターリン批判以後鮮明になった中国独自の経済建設は、核兵器の自給を含めた独自の国防とも結びつく。「十大関係論」でも「原子爆弾も持たなければならない。こんにちの世界で、他人の侮りをうけたくなければ、これをもたないわけにはいかないのだ」と言っている（『毛選集』・・417）。しかし自力開発には多大の資金と時間がかかるので、まだ関係は良好なソ連の援助に頼ろうとし、ソ連もこれを了承した。これが核兵器のサンプルをソ連が中国に供与することを約束した、一九五七年一〇月の「国防新技術協定」になる。しかし、毛沢東が「一五年でイギリスに追付き追越す」と気勢をあげた翌一一月のモスクワ会議では、革命の平和的移行の問題などで激しい論戦になり、「モスクワ宣言」は結局両論併記にとどまった。そして翌「五八年前半には米ソ間の部分的核実験停止協定に進展がみられ、中国への技術援助に早くも暗影がさし始めた」（宇野他 1986：168–69）。

こうした中で、大躍進に向かう社会主義建設の総路線が提起された八全大会第二回会議の直後、五～七月に開かれた中央軍事委員会拡大会議は、「劉伯承*に代表される（ソ連軍経験の全面的導入を主張する）『教条主義』を批判し、毛沢東の建軍原則の実施、『全民皆兵』（全国民の武装化、民兵組織の強化など）を強調し、『以我為主』（我を主軸となす）という建軍原則はここで確立された」（朱 2001：46–47）。毛沢東らは独自の国防・軍事路線に舵をきったのであり、この頃に金門島**への砲撃も決定された。その直後の五八年七月末に、フルシチョフが中国を秘密訪問し、通信連絡用の長波転送基地の共同建設と連合艦隊の編成を提案した***。しかし、ソ連が中国を従属させようとしていると見た毛沢東は拒否した。そして、フルシチョフに通知しないまま、八月二三日から金門島砲撃を決行して、台湾海峡に緊張をもたらした****。

＊一八九二―一九八六年。軍人で、十大元帥の一人。戦闘で片目を失明し、独眼竜将軍の異名があった。

＊＊福建省の廈門や泉州の近海にある島。台湾が支配しているが、大陸とは狭い所で二・一km しか離れていない。

＊＊＊この件について、毛里和子は次のように分析している。

五八年当時ソ連は、アジアにおいて中国との間に、ヨーロッパでのワルシャワ条約機構と同じような、ソ連を盟主とする共同防衛体制をつくりあげようとしていたと思われる。それを背景にした、対米平和共存、ひいてはパックス・ルッソ・アメリカーナこそ、フルシチョフ構想であり、彼の新しい国際戦略だったのである。（毛里 1987：106）

＊＊＊＊ただしこの行動は、これによってアメリカとの戦争になることはない、という判断を前提としていた。この時期に毛沢東は国際情勢を分析して次のように語っている。

誰が誰をより多く恐れているか？アメリカ人は戦争を恐れていると思う。我々も戦争を恐れている。問題は結局どちらがより恐れているかだ。……私の見方によれば、ダレスが我々を恐れている方が多く、英米独仏という西方国家の方が我々をより多く恐れているのだ。（『毛文集』第七巻、「関於国際形勢問題（一九五八年九月五日、八日）」：407–408）

このように、軍事面での中国の独自化の動きがソ連とのひび割れを拡大し、また一二月にフルシチョフが人民公社を批判しているが、翌五九年二月にソ連が中国に五〇億旧ルーブル相当の経済援助を与える協定を締結しているように、中ソ関係はまだひび割れ程度に思われた。こうした状況の中で、彭徳懐は六月に「命令を受けて」軍事代表団を率いてソ連と東ヨーロッパを訪問し、フルシチョフとも面会したのである。そして彼が帰国して僅か一週間後の六月二〇日、ソ連は「国防新技術協定」を破棄し、原爆生産の技術提供を拒否する。[*] その一二日後の七月二日に廬山会議が開かれ、先に記した過程を経て、彭徳懐が失脚した。[**]

*この件について毛里和子は、「ソ連との軍事同盟再編の要求を拒み、他方でソ連の望まない対米緊張を強めている中国を、自己の新戦略構想に組み込むことはできないと判断したフルシチョフ指導部が、はっきり中国をその構想からはずしたことを示している」、と分析している（毛里 1987 : 108）。

**なお、薄一波自身はなぜか国防新技術協定の破棄を、「この年［一九五九年］一月」〈801〉あるいは「一九六〇年夏」〈897〉と記しており、そのためか廬山会議と国際関係についての記述は、先の引用文のみである。

そして朱建栄によれば、国防部長だった彭徳懐が失脚した後、国防・軍事の独自色はさらに鮮明になっていく。「米中間の大規模戦争および米国による核攻撃などのシナリオに関しては引き続き中ソ同盟関係に依存するが、軍需産業の整備や、敵の局地的侵入に対する対応体制などにおいて『自力更生』をより一層強調するようになった」。五九年一〇月には、「限られた軍事費を核兵器とミサイルの開発に大幅に傾斜し、同時に、軍人や民兵の膨大な数をもって通常兵器の遅れをカバーする、という『核兵器プラス人海戦術』の戦略の採用が目指されることになった」。そして六〇年二月には、「『積極的防御』という全般的な軍事戦略の枠組を堅持しつつ、想定される敵［アメリカとその同盟］軍の侵入を沿海部全域において水際でくい止めるという五〇年代の方針に対し、『北頂南放』という新しい戦略方針が制定された」。「北頂南放」とは、「中国北部の沿海と大陸の戦場では『頂』の方針、つまり堅守防御の方針をと」り、浙江省の象山沖以南の「沿海部では『放』の方針を取り、つまり敵軍を上陸させ、これを深くおびき寄せて、そこで殲滅するというものであった」（朱 2001：46–47）。北部での前方防御と南部での縦深防御を組合せたものだといえよう。人民公社は農業・工業・商業・教育に加えて軍事をも担う社会の基本単位として組織されたのであり、こうした中国独自の軍事戦略にも適合的だったのである。

2　対ソ不信と高崗事件の蒸返し

本節の冒頭で触れた薄一波のごく簡単な記述を、こうした流れの中で捉え直すと、軍事委員会拡大会議が「国際から経典を取得した」とか「外国と通じている」という罪名を加えたのは、薄が言うような単なる実事求是の原則に対する違反という問題ではないことが推察できよう。彭徳懐らが「軍事クラブ」を結成したとされたことからも、ソ連に内通しているのではないかと疑われたのである。

同時に注目すべきは、会議で毛沢東が次のような文書を配布していたことである。

右傾日和見主義分子は、中央委員会の中にもおり、つまりは軍事クラブのあの同志たちで、……この集団の主要な部分は、もともとは高崗陰謀反党集団の重要メンバーであり、……網を逃れた高崗集団の残党どもが、今また風波を引き起こさんと、矢も盾もたまらず、やみくもに攻撃してきたのだ（『毛文稿』第八冊：431。石川2010参照）。

また会議が通した「彭徳懐同志を頭とする反党集団の誤りに関する決議」では、「彭徳懐同志を頭とする反党集団の、廬山会議期間と廬山会議以前の活動は、目的があり、準備があり、組織がある活動だ。この活動は高〔崗〕・饒〔漱石〕反党連盟事件の継承・発展だ」としている（『毛文稿』第八冊：602）。彭徳懐は、高崗の事件への関与が蒸し返され、ソ連との関係が疑われたのである。

それは当然ソ連に対する重大な疑念につながり、疑念は九月九日にインドとの国境紛争に際してソ連が中立的立場を表明したことで増幅された。さらにその直後、フルシチョフが訪米してアイゼンハワーとキャンプ・デーヴィッド会談を行ない、平和共存政策を進めたことが、ソ連の変質を決定的に疑わせることになる。その直後に訪中したフルシチョフとの間では、共同声明さえ発表されなかった。そしてこうしたソ連に対する強い疑念は、同時に、その変質の背後にはアメリカの策動があるのではないかという、新たな疑念をも導くことになる。楽観的だった国際情勢観が根本的に転換していったのである。

第3節　対米認識の転換

1　ダレスの「平和的変質戦略」

薄一波は次のように記している。

社会主義国家に対する西側帝国主義の武装侵略・干渉や経済封鎖は、社会主義国家にきわめて大きな困難を造り出すが、社会主義国家を顛覆するという目的に達するのはとてもむずかしいことは、実践がはっきりと示している。そこで、彼らは「硬」という一手を使用すると同時に、「軟」の一手を採用する。一九五三年一月、アメリカの国務長官のダレスは「平和的変質」〔「和平演変」〕の戦略を際立って強調した。彼は、社会主義国家の「奴隷のように使われる人民」を解放し、「自由な人民」にしなければならず、「解放は戦争以外の方法で達成でき」、「それは必ず平和的な方法でなければならないし、またそうなるだろう」、と提起した。彼はいくつかの社会主義国家の内部に出現した「自由化を求める力」に満足し、また社会主義国家の第三世代・第四世代の者に希望を託し、社会主義国家の指導者は「もし彼が子供を引続き持とうとするならば、彼らはまた子供の子供を持つし、彼の子孫は自由を獲得するだろう」、と言った。彼はまた、「中国の共産主義は致命的な危険で」、「消滅しなければならない現象だ」と攻撃し、アメリカと同盟国の責任は「あらゆる可能性を尽くしてこうした現象を消滅させ」ねばならず、「平和的な方法で全中国に自由を得させ」ねばならないことだ、と公言した。

毛主席はダレスのこれらの言論に十分注意し、社会主義国家に対する帝国主義の闘争の策略・形態の変化に十分注意していた。……彼が後にこの問題を提起したのは、国際・国内情勢の発展・変化と一つにつながっていた。〈800〉

山際晃によれば、「ダレス国務長官は『巻き返し政策』『解放政策』などつぎつぎに強硬なスローガンを口にしたが、実質的には、その中国政策は民主党政府の『封じ込め』政策にほかならなかった」という（山際 1997：42）。「平和的変質」もそうしたスローガンの一つにすぎず、それらの中ではむしろ消極的なものであろう。だから実際には毛沢東らも、楽観的な国際情勢観の中で、それほど気にしてはいなかったと思われる。先述のように、毛は大躍進政策の前には、「ダレスなど世界の何人かは、我々が眼中にないのだ」、とさえ語っていたのである。

2 「平和的変質」への警戒

しかし、スターリン批判後の中ソ関係のひび割れの中で、アメリカに対する意識は次第に変化していく。

一九五七年、アイゼンハワー政府は「平和的勝利戦略」を提出し、「平和的変質」を通して、「ソ連内部の変化」を促進すると鼓吹した。一九五八年一〇月二四日、ダレスは……共産主義は「次第に一層国家の福利、人民の福利に重きを置く制度に地位を譲ろうとし」、現在「ロシアと中国の共産党員は彼らの人民の福利のためにけっして奮闘しておらず」、「こうした共産主義は変質が生じるだろう」、と語った。

ソ連の国内の状況と関連して、ダレスのこれらの言論を毛主席はきわめて重視した。……一九五九年になると、中ソ関係はさらに緊迫し、不一致は一層拡大した。〈801〉

薄はこのように記し、「中ソ国防用新技術協定」の破棄（ただし何故か一月としている）、中印国境紛争、キャンプ・デーヴィッド会談、フルシチョフの中国批判など、同年の事象を挙げた後、次のように記している。

……そしてこの年七月から八月にかけて招集された廬山会議で、彭徳懐同志が「三面紅旗」

に批判を提出し、毛主席はこれを国内外の敵が連合して党に進攻したことの党内の反映だと、誤って認識した。こうした錯綜し複雑な情勢の下で、毛主席は「平和的変質」の危険性を深く感じ取り、そこでこの年の末にこの問題を明確に提起してきたのだ。〈801〉

廬山会議が、毛沢東がダレスの「平和的変質」論をきわめて重視するようになる、大きな契機になったのである。

中印国境紛争、キャンプ・デーヴィッド会談の後の五九年一一月、国際情勢を議論する杭州での小型会議の前に、毛は秘書の林克にダレスの「平和的変質」に関係する講話を集めさせ、三篇の講話にコメントをつけて参会者に配布した。以下、やや長いが、薄一波の証言を引用する（段落は筆者が入れた）。

ダレスのこの三篇の講話は、いずれも社会主義国家に対して「平和的変質」を実行するという思想に貫かれていた。毛主席の談話に基づいて起草した三つのコメントは、ダレスの各篇の講話の急所をはっきりさせ、アメリカの「平和的変質」に警戒しなければならないことを指摘している。最初のコメントは、次のように指摘している。アメリカは実力政策を放棄するつもりがないだけでなく、実力政策の補充として、また浸透・転覆の所謂「平和的勝利戦略」を利用してアメリカ帝国主義が「容赦のない包囲に陥る」という前途から抜け出そうとし、それによって自己を保存（資本主義を保存）し漸次敵を消滅させる（社会主義を消滅させる）という野心を達成しようと考えている。

第二のコメントでは、ダレス証言の主旨を指摘した後に、次のように述べている。これはアメリカ帝国主義がソ連を腐食させたやり方で、密かに資本主義をソ連に復活させるよう謀り、アメリカ帝国主義が戦争という方法では到達できない侵略的目的を達成しようとしていることを表明している。

第三のコメントは、「法律と正義」で武力に代替しなければならないが、「武力の使用を放棄することはけっして現状を維持することを意味せず、平和的な転変を意味する」というダレスの話を引用した後に、次のように指摘している。「ダレスのこのくだりの話は、全世界の社会主義の力が日増しに強大になり、世界の帝国主義の力がますます孤立と困難の境遇に陥ったために、アメリカは当面はあえて軽率に世界大戦を引き起こそうとはしない、ということを表明している。だから、アメリカはさらに欺瞞性に富んだ策略を利用してその侵略と拡張の野心を推進する。アメリカは平和を希望していると標榜すると同時に、まさしく浸透・腐食・転覆の種々の陰謀的手段をますます利用して、帝国主義の衰勢を挽回し、その侵略的野心の目的を実現しつつある」、と。〈802〉

3　ソ連は修正主義になったのか？

中国で刊行されたある資料集（『毛文稿』第八冊）に、この年一二月付の、毛沢東の「国際情勢に関する講話要綱」というメモが収録されている。そこではまず「敵の策略は何か？」と問い、「第一の手」は「平和の旗を掲げ、おおいにミサイルを作り、大いに基地を作り、戦争という方法で社会主義を消滅させる準備をする」もので、第二の手は「平和の旗を掲げ、文化が往来し、人間が往来し、腐食・変質という方法で社会主義を消滅させる準備をする」ものだという。無論、後者が「平和的変質」策である。そして、「修正主義はすでに体系になってしまったのかどうか」と問い、「まだ変えられるかもしれない」、「長期間堅持しようとするかもしれない（たとえば一〇年以上）」、「短期間しか堅持できないかもしれない（たとえば一、二、三、四年）」という、三つの可能性を示している。アメリカの「平和的変質」策がどの程度の「修正主義」を生み出すのかを、見定めようとしているのであろう。

続いて中ソ関係について、「中ソの根本的利益が、この二大国が結局は団結せねばならないことを決定する。某かの不団結は、ただ一時的な現象に過ぎず、依然九本の指と一本の指の関係だ〔関係の九割がよく、悪いのは一割だけ〕」とする。その悪い一割の例の中に、「一九五三年、高崗・饒漱石・彭徳懐・黄克誠がモスクワの支持の下で、転覆活動を進めた」こと（高崗・饒漱石事件）や、五九年「高崗・饒漱石の残党がまた友達〔ソ連〕の支持の下で転覆活動を進めた」こと（廬山会議で彭徳懐が批判された事件）を挙げている。ソ連に対して、変質しているのではないかと疑いながらも、まだそれを否定したかったのだと思われる。したがって、フルシチョフについても、「とても幼稚だ。彼はマルクス・レーニン主義がわかっておらず、帝国主義に騙されやすい」などという批判はしているが、同じメモの中でユーゴのチトーには用いた修正主義というレッテルは、まだフルシチョフには貼っていない。

そして最後に、「世界のあらゆる事物で逆の方に向かって歩まないものはない。わが国も逆の方に向かって歩み、その後また逆の逆、つまり正面に向かって歩むだろう。不断の革命だ」、としている（『毛文稿』第八冊：599–602）。逆流が起こるのは不可避だとし、だからそれに対する闘争は続けねばならないというもので、後の永続革命論につながるものである。

要するに、廬山会議前後の中ソ関係が悪化する過程で、毛沢東は国際情勢に対する意識を大きく変化させ、アメリカの「平和的変質」策がソ連を腐食させて資本主義を復活させようとしているのではないか、と認識するようになった。さらに、「わが国も逆の方に向かって歩」むというように、それが国内への危機意識をも強めることになる。アメリカの策動でソ連が変質するということは、中国もまた厳重な警戒をしなければ変質するということであり、そこから内部の敵の勢力に対する評価が肥大化していくことになるのである。そして、六〇年代のアメリカによるベトナム戦争が、こうした意識ないし認識の構造的な連関を強めさせ、フルシチョフやソ連を明確に修正主義として捉えさせるようになるとともに、国内の階級闘争への見方を厳しくさせ、ついには文化大革命につながっていく。

第五章　調整政策と社会主義教育運動

第1節　調整政策

1　調整・強化・充実・向上

廬山会議の後、中国は「大躍進」に再びアクセルを踏んだが、それは数千万人にのぼると言われるほどの餓死者を出す深刻な飢餓と破綻に瀕した経済以外の、何物をももたらさなかった。薄一波は次のように記している。

一九五八年下半期に発動した、鋼を要として鋼の生産量を倍増させ、食糧を要として食糧の生産量を倍増させることを中心的内容とする「大躍進」運動は、客観的可能性を超えてしまい、計画的バランスに基づいた発展の法則に背いてしまい、結果は思い通りにはいかず、鋼と食糧の生産量が倍増していかなかっただけでなく、逆に社会的生産力を非常に大きな破壊に陥れ、大衆の積極性は深刻な痛手を被り、工農業生産や国民経済全体の大地滑りを作り出した。一九六〇年、つまり「大躍進」の最後の年、わが国の経済はすでに極度に困難な境遇に陥っていた。〈620〉

この状況の下、一九六〇年七~八月の北戴河での中央工作会議で、翌年の国民経済計画の方針として李富春が「整頓・強化・向上」を建議した。その後、

……周総理は方針の提起の仕方について、整頓というより調整と提起した方がよいと考え、また「充実」という二字を増やすことを建議し、それによって「調整・強化・充実・向上」の「八字方針」が作られた。この方針の基本的内容は、「調整を中心とし、国民経済の各部門間の不均衡な比率関係を調整し、生産建設が取得した成果を強化し、新興産業や不足生産品の項目を充実させ、生産品の質と経済効果を向上させることだ。〈626〉

これが党中央の承認を経て実施に移される。

これについて、薄一波は次のように評価している。

これはわが党が経済工作での誤りを悟り、また具体的な措置を通して局面の転換を期待したことを示している。しかし客観的条件を顧みずに「大躍進」運動を盲目的に発動した誤った

政策決定については、まだ根底からは認識できておらず、逆に、若干調整した後にあらためて「大躍進」を実現したいと思っており、それでは当然全面的な正視や徹底した是正は不可能だった。だから、「八字方針」は長期間の検討を経てようやく定まっていったし、とった措置が完全に「大躍進」の軌道を抜け出すことはないし不可能でもあり、最初の年の効果はあまりにも理想とかけ離れ、その結果経済の困難な状況は数年もの長期にわたり引続いた。〈620〉

しかしともあれ、この調整政策への動きは、六二年一～二月の拡大中央工作会議（通称「七千人大会」）やその二週間後の中央政治局常務委員会拡大会議（通称「西楼会議」）などを経て、より具体化され本格化していく。この過程は、全面的ではないにせよ大躍進を総括し、それが引起した悲惨な現実に眼を向けようとするものでもあった。

2 「七千人大会」

「『大躍進』・人民公社化運動が三年余り続いた誤りによって、国家の生産建設と人民の生活のいずれにも深刻な困難が現れた。中央の指導的同志の頭が次第に冷静になってきて、一連の会議で教訓を総括し始めた」。〈712〉そこには、冷静の程度差はあれ、毛沢東も含まれていた。

薄一波によれば、「一九六一年五～六月に招集された北京の中央工作会議が、『七千人会議』以前に教訓を総括した重要な会議だった」。この会議で、毛沢東は次のように語ったという。

客観法則に背いたら、必ず罰を受けねばならず、我々はつまりは罰を受けたのであって、最近三年大きな罰を受けてしまい、土地が痩せ、人が痩せ、家畜が痩せてしまったが、「三つの痩せ」が罰でなかったら何なのだ？この社会主義は誰もやったことがなく、社会主義の具体的政策を先に習得した後に社会主義をやったことはなかった。我々は一一年やったので、今経験を総括せねばならない。[*]〈713〉

＊『毛文集』第八巻所収の「総結経験，教育幹部」がこの会議での講話であり、二七六頁に引用文の「この社会主義」以下と同様な文章があるが、前半の部分はない。

中央から県まで五つの級の幹部七〇〇〇人余が参加した通称「七千人大会」は、一九六二年一月一一日に開幕した。「もともとは一月二八日終了と定められて」いたが若干延長され、「また毛主席が一月二九日の講話で『出気会』［もやもやを吐き出す会］を開くという建議をしたことで」、さらに二月七日まで延長された〈714〉。この大会で議論された「大躍進」以来の誤りについての分析に関して、薄一波は三つの問題を挙げている。

まず当時の深刻な困難についての評価の問題では、「意見の不一致があった」。中央工作会議での討論をもとに劉少奇が準備した「『書面報告』は、困難は『依然相当深刻だ』と認識していた」。しかし、「非常に楽観的で、情勢はすでに根本的に好転し、『五八年の意気込みがまた起こって』、『生産の高まりがまさしく到来し始めつつあり』、二年経ったらまた『新たな躍進を組織できる』と考えていた人がいた」、という〈717〉。

次に困難を導いた原因という問題では、薄は「当時の『左』の思想がまだ根深い状況の下で、多数の同志が一九五八年の『大躍進』の深刻な誤りの原因についてまだ根本的に認識していない状況の下で」〈719〉、劉少奇が「三割天災、七割人災」と語ったことを紹介している。

一九六一年五月、〔劉〕少奇同志は彼の故郷である湖南の寧郷県花明楼に行って調査をし、「三割天災、七割人災」という結論を得、困難は主要には「人災」が作り出したと認識した。「人災」というのは、つまりは我々の仕事の誤りということだ。この年五月三一日、〔劉〕少奇同志は中央工作会議で、次のように語った。「ここで、この数年発生した問題は、結局主要には天災によるのか、それとも我々の工作における欠点・誤りによるのか、という問題を提起しよう。湖南の農民には一言あって、彼らが言うのは『三割天災、七割人災』だ。……全国的範囲で言えば、……大多数の地方では、我々の工作の中の欠点・誤りが主要原因だ、と（『劉少奇選集』下巻、三三七頁）」。

「七千人大会」の「書面報告」では、彼はこの問題には触れていない。しかし彼の講話の中で、上述の見方を重ねて言明し……た。彼は結局、成果が九本の指だと言い、欠点・誤りが一本の指だと言うのには、反対だった。〈718–719〉

最後に、「誤りの責任についての分析」の問題では、次のように記している。

「七千人大会」では、一九五八年以来犯してきた欠点・誤りの責任については、統一した見解が形成された。まず責任を負わねばならないのは中央で、次に負わねばならないのは各省・市・自治区レベルの党委員会で、またその次は省以下の各級の党委員会だ。それぞれにそれぞれの勘定書があり、何れにも責任がある。「書面報告」は、「いくらかの事柄は、中央政治局を経ており、中央政治局が負うべきだ」、と提起した。〈720〉

この責任問題に関係して、薄一波は「ささやかなエピソード」を紹介している（段落は筆者による）。

一月一八日に召集された「〔書面〕報告」の起草委員会で、彭真*同志が次のように発言した。我々の誤りは、まず中央書記処の責任だが、〔毛沢東〕主席と〔劉〕少奇や中央常務委員の同志を含むかどうか？ 含むべきものは含み、誤りはあっただけあったのだ。毛主席だってどんな誤りもなかったというのではない。三〜五年で移行する問題や〔共同〕食堂をやったのは、みな主席のお墨付きだった、と。

〔鄧〕小平**同志が口を挟み、次のように語った。我々が主席の所へ行ったら、主席はこう言ったよ。君たちの報告は私を聖人として書いているが、聖人はいないのであって、欠点も誤りもあり、どれだけかという問題でしかない。私の欠点を語るのに心配ご無用で、革命は陳独秀***や王明がやったのではなく、私とみんなが一緒にやったのだ、と。

彭真同志は続けて、次のように語った。毛主席の威信はチョモランマ［エベレスト］でなければ泰山［山東省にある名山］で、土を数トン持って行ったって、やはりあんなにも高いのだ。東シナ海の水だ（数台の車で運び出したって、まだあんなにも多いのだ）。今党内には、意見を言おうとしなかったり、誤りを反省しようとしない傾向がある。いったん反省したら、失脚してしまう、という。毛主席の1％・1‰の誤りが反省されなければ、わが党に悪い影響を残すだろう。省・市が責任のすべてを負っていくべきなのかどうか？負っていけば下級にプラスはなく、教訓を得られない。毛主席から支部書記まで、それぞれがそれぞれの勘定書をもっているのだ、と。〈720〉

＊一九〇二―一九九七年。北京市党委員会書記・北京市長を務めた。文化大革命で失脚し、迫害される。
＊＊一九〇四―一九九七年。当時は党総書記。文化大革命で劉少奇に次ぐ「実権派」とされて失脚。七三年に復活したが、七六年に再失脚し、翌年再復活。党副主席・軍事委員会主席として改革開放政策を推進した、事実上の最高指導者だった。
＊＊＊一八七九―一九四二年。『新青年』を発刊して新文化運動の先頭に立った。共産党創立初期の指導者にな

ったが、二七年に失脚し、二九年にトロツキストとして党から除名された。

革命は自分を含むみんながやったのだから、誤りも自分を含むみんなの誤りだ、ということだろうか？そして毛は一月三〇日の講話で、次のように語った。

この彭真の意見に対して、翌日に陳伯達*が反対している。それはともかく、毛発言の主旨は、

去年［一九六一年］の六月一二日、中央の北京工作会議の最後の日、私は自分の欠点や誤りを語った。私は同志たちに各省・各地方に伝達してくれ、と言った。後で知ったのだが、多くの地方では伝達されなかった。私の誤りは隠してよいし、隠すべきであるかのようだ。同志たちよ、隠してはいけない。およそ中央が犯した誤りは、直接的には私の責任であり、間接的にも相応の責任があるのは、私が中央の主席だからだ。私は他人に責任をなすりつけようとしているのではなく、他の何人かの同志にも責任はあるが、第一の責任は私が負うべきだ。〈721〉

＊一九〇四―一九八九年。共産党の理論家。『中国四大家族』（一九四六年）などの著書がある。中国科学院副院長・党宣伝部副部長や理論誌『紅旗』編集長などを務める。文化大革命が始まると、党中央文革小組副組長として運動の先頭に立ったが、林彪事件以後その一派だとして党籍を剥奪された。

これを見ると、一応自己批判はしている。しかし、鄧小平が伝えた先の発言と合わせると、彼

の主観の上では民主集中制である以上、中央の誤りは中央の皆の責任であり、自分は主席だから第一の責任がある、という一般論であって、客観的には絶対的な権力を持っている個人の非常に大きい責任を、単なる職務・地位の問題に矮小化している感は拭えない。

3　「西楼会議」と「非常時期の非常措置」

「七千人大会」が終了して一四日後の二月二一～二三日、中南海の西楼会議室で開催された中央政治局常務委員会拡大会議は、劉少奇が主宰し、後に西楼会議と称された。薄一波は、この会議とその後の国務院拡大会議が、「七千人会議」を継いで、「当時の経済困難を克服するのに摩滅されえない重大な役割を果たした」、としている〈735〉。

会議では、陳雲が「重要な話をし」、「当時の厳しい経済状況を分析し、困難は主要に次の五点に現れていると考えた」。①「農業が最近数年とても大きく減産したこと」。②すでに展開した基本建設の規模は、国家の財力・物力を超えていること。③紙幣の発行が多過ぎ、インフレになったこと。④「都市の紙幣が大量に農村に移り、物資は少なく紙幣は多いという状況の下で、相当深刻な投機や空売買が現れたこと」。⑤「都市人民の生活水準が低下したこと」。そして陳雲は、「前の二点がもっとも基本的で、後の三点は派生してできたものだと考えた」〈736-737〉。

続いて、「困難を克服する六ヶ条の措置を提案した」。①十年経済計画（「大躍進」中に立案した一九六三～一九七二年の国民経済発展計画）を二段階に分け、前の段階は回復させ、後の段階は発展させること。②都市人口を減少させて「少数精鋭」にすること。「彼はこれが困難を克服する根本的な措置だと考えた」。③あらゆる方法でインフレを止めること。④都市人民の最低の生活需要をできる限り保証すること。⑤できる限りの力を農業に用いること。⑥計画機関が主要な注意を工業・交通から農業の増産とインフレ阻止に移し、計画で具体的に示すこと〈737-738〉。

二六日、国務院が拡大会議を開き、李富春・李先念と陳雲*が報告をした。「彼ら三人の報告は、参会した同志をとても大きく啓発した」〈739〉。三月一四日、劉少奇・周恩来と鄧小平は武漢に行って毛沢東に報告し、「毛主席は三人の同志の報告を詳細に読み、省・軍レベルに下ろして参照させることに同意した」。その後、参照させる範囲は、地区・市レベルまで拡大された。特に陳雲の報告が、「皆が全体の状況を認識し困難を正視するのを大きく助け」たという〈740-741〉。

＊一九〇九―一九九二年。財政・経済の専門家として、国務院副総理、財政部長、国家計画委員会副主任などを務めた。

さらに「党中央はまた北京で『五月会議』と通称される工作会議を開いた」。会議で鄧小平は次のように語ったという。

やらねばならぬことはとても多いが、中心任務は二つではないかと思う。一つは二〇〇〇万人の都市人口を減らすことで、もう一つは農村の生産隊を強化する工作だ。この二つのことは、ぐずぐずしてはならない。……我々は食糧・綿花やその他の物があって、初めて生まれ変わることができるのであって、これらの物は生産隊に頼って得て行かねばならない。都市の人口を減らす工作も、生産隊の問題に関わっており、都市の人口を落着かせるには生産隊に頼らねばならない。〈741-742〉

こうして劉少奇・鄧小平・陳雲らが主導し、薄一波が「非常時期の非常措置」という〈743〉、経済の一定の自由化を認める調整政策が次第に進められていく。基本建設投資を抑えつつ、農業・重工業・軽工業など各部門間のバランスと連携を図る。農村では人民公社の規模を郷程度に縮小し（平均約一六〇〇戸）、生産大隊の下の集落レベルに相当する生産隊（二〇〜三〇戸前後）を基本計算単位とし、耕地の五％に限って各農家の自留地とし、その生産物や副業品の自由市場での販売を許す（『農村六〇条』）。都市でも企業の自主性を強め（工場長責任制）、経営の合理化を図る（『工業七〇条』）。そして食糧問題を緩和するために、六一〜六二年の二年間で二〇〇〇万人以上の都市・町民を農村に移住させた（下放）。

毛沢東は後にこの下放について、「我々の人民は素晴らしいなあ！数千万人が招いたらすぐ来て、手を振ればすぐ去るんだ」と、感慨を込めて語ったという〈745〉。彼は党に逆らえぬ「人民の動向」を、あくまで彼らの主体性と自分たちへの支持によるものだと捉えていたのである。

4　『農村六〇条』の制定

ここでは後の議論のために、『農村六〇条』の制定過程に触れておこう。薄一波はこのために一つの章を設け、次の文章から始めている。

六〇年代初め、毛主席自らが中心になって制定した『農村人民公社工作条例』（後に『六〇条』あるいは『農村六〇条』と略称）草案や修正草案は、一九五八年以来の農村工作での誤り、とくに人民公社の誤りを是正する重要な歴史文書だ。その制定と試行は、数億の農民の生産意欲を一定程度安定させ、わが国の農業が三年連続のひどい災いから抜け出して六〇年代中期の新たな発展に進む転換点になった。一〇年の「文化大革命」の大動乱の中で、農村が相対的に安定を保持でき、農業が増加の勢いを引続き保持できた理由は、『六〇条』が引続き役割を発揮したことと不可分だ。認識上の限界から、誤りに対する『六〇条』による是正はなお不徹底で、生産力の解放に対する作用は限定的ではあったが、しかし、その歴史的な役割は十分肯定すべきだ。

この条例を起草・修正・再修正した一年九カ月の大部分の期間、毛主席の主要な精力は一九五八年以来の農村工作の誤りを是正するのに用いられた。彼の唱導と先導の下で、全党が大規模な調査研究の工作を展開し、わが党の調査研究史上の新たな頁を記したのだ。〈632〉そして、毛沢東が「全党がおおいに調査研究の風を起こすことを呼びかけ、一九六一年が実事求是の年、調査研究の年になるよう求めた」〈633〉ことを示し、各地の調査やそれらをもとに、毛自身や劉少奇・周恩来・陳雲・鄧小平ら最高幹部が問題を検討していった過程を、かなり詳しく記している。「『農村六〇条』こそ、最初の成果だった」〈638〉。

『農村六〇条（草案）』の前身は、鄧子恢同志を中心に起草した『農村人民公社内務条例（修正稿）』だ。一九六〇年夏、〔劉〕少奇同志の委託を受け、鄧子恢同志は中央農村工作部の工作グループを率いて、山西の汾陽、江蘇の無錫などの地で調査をした。……調査の仕事が終わった後、彼は毛主席と周総理に直接報告をした。周総理に報告した際、彼は条例を作る必要を提起し、周総理の支持を得、帰ってすぐに中心になって『農村人民公社内務条例』を起草した。『内務条例』というのは、条例の内容が人民公社の内部の関係にしか及ばず、公社と上級の党や政府との関係、公社同士の関係などは含まないものを言うのだ。『内務条例（修正稿）』全一四章・六六条は、一九六〇年一二月二三日に中央農村工作部の便函

〔機関・団体が出す非公式の書簡〕で毛主席に送られた。一九六一年三月二三日、『農村六〇条』を起草する広州工作会議で、毛主席は鄧子恢同志が調査研究を経て条例を起草した新たな提案に対してほめた。毛主席は次のように語った。鄧子恢同志が去年山西・石家荘・蘇南に行って調査をし、とてもよくやった。彼の見方はとても正しい。ここ数年の農村工作の誤りに、彼の分はない。彼のとても多い意見は正しい。彼が私と話をして、私が総理と話をするよう彼に紹介した。総理が彼に、人民公社の憲章と称するある文書を起草するよう頼み、まず新たな提案をしたのは総理だ（周総理が、彼が私に言わせたのだ、と口を挿んだ）。「ああ！まず提案をしたのは鄧さんで、その後総理が支持したのだ」、と。鄧子恢同志を中心に起草した『農村人民公社内務条例（修正稿）』は、後に『農村六〇条』を起草する重要な参考資料になった。〈640–641〉

毛沢東はこの時激賞した同じ鄧子恢を、わずか一年数ヶ月後に、「資本主義農業の専門家だ」として全否定したのである（後述）。

第2節　八期一〇中全会

一九六二年下半期には、経済は好転の兆しが見え始めた。調整政策を実施し始めたことも大きいが、この年から食糧は輸出せず、逆に輸入できるようになったことも、けっして無視してはならないであろう。表3（七四頁）によれば、第一次五ヵ年計画が開始された一九五三年以来一貫して食糧を輸出しており、危機が深刻な一九六一年でさえ四七〇万トン余も輸出している。しかし翌六二年には逆に四五〇万トン近くの輸入に転じ、以後も文化大革命が始まる六六年まで、三〇〇～四〇〇〇万トン台の食糧を輸入し続けている。ただしこの問題については、薄一波はまたしても、「当時の推計によれば、一九六二年の外為支出の半ば前後は必ず食糧輸入に用いねばならなかった」、としか語っていない〈747〉。

1 毛沢東の「反撃」

ともあれこの状況を背景に、八期一〇中全会に向けて、七月末から中央工作会議（北戴河会議）と準備会議が開かれた。これらの会議は、劉少奇・鄧小平らの調整政策に対する、毛沢東の反撃の開始として捉えられている。確かに、「私はながいこと諸君から圧力を受けてきた。一九六〇年以来二年以上もだ。だから少しは諸君に反撃してもかまわないだろう」（東京大学近代中国史研究会 1975：下巻「北戴河会議における中央工作会議での講話」：43）という毛の発言からも、そうした面は否定できない。薄一波も次のように記している。

一九六二年の下半期に招集された八期一〇中全会は、社会主義を全面的に建設し始めた一〇年間に生まれた消極的な影響がとても際立ち、それは主要には階級闘争を過度に強調し、一定範囲内で存在する階級闘争を拡大化し絶対化し、かつ当時の国内情勢に関すること、農業生産を回復する方法に関すること、幹部の審査に関することなどの面で党内に存在した意見の違いや異なる主張を、「暗黒風」・「単干風」・「翻案風」として退け、階級闘争の観点で分析・批判したこと、に現れている。これによって、国内の政治的風向きに逆転を生じさせ、始めたばかりでまもない困難な状況を転換するのにきわめて重要な「左」の是正から、また反右に変えてしまったのだ。〈752〉

ただし、毛沢東は調整政策の全体を否定したのではないことにも、注意すべきである。前節の最後でみたように、人民公社制度を見直し、規模を縮小して生産隊を基本計算単位にするなどの『農村六〇条』の制定は彼自身が主導しており（薄 1997：「三二 『農村六〇条』的制定」）、工場長責任制を規定した『工業七〇条』も「非常によい」と肯定していた〈674〉ことなども、見る必要があろう。薄一波も、「毛主席と〔劉〕少奇同志のこの建議と説明によって、全会以後、国民経済の調整の面ではなお引続き八字の方針が貫徹・執行され、経済工作が受けた衝撃は大きくはなく、国民経済の調整工作を一九六五年になって基本的に完成させた」〈775〉としている。

ここで薄が言っている劉少奇の建議とは、十中全会などで、会議の精神は「下級には伝達せず、何もかもすべて階級闘争に結び付けて分析しないで済むようにし、全党の力をすべて階級闘争に対処するのに用いないで済むように」しよう、というものである。また毛沢東の説明とは、全会での次のような講話などを指している。

一つは工作の問題、一つは階級闘争の問題と、分ける必要があり、けっして階級闘争に対処するからといって我々の工作を妨害してしまってはならない。工作を第一におく必要があり、階級闘争はそれと並行させ、非常に厳しい地位においてはならない。〈775〉

むしろ毛沢東は、この時点では、調整政策の主要部分を高く評価していた。

一九六一年末、「七千人大会」を招集する前夜、毛主席はまた次のように語った。国内状況は全体的にはかなりよい。前の数年はちょっと惨めで、気持はさほど愉快ではなかった。一九六一年になって、気持がいささか愉快なのは、農村で『六〇条』をやり、工業で『七〇条』をやり、また〔人民公社は〕「三級所有で、隊を基礎とする」を提起し、これらの具体的な政策がみな効目が出たからだ、と。〈754〉

2 「黒暗風」批判

全会を含むこれらの会議で毛沢東が批判したのは、主要に「黒暗風」「単干風」「翻案風」とされる風潮であり、ここに彼の意識が現れている。

「黒暗〔暗黒〕風」は現状の困難さを強調する議論で、薄一波は次のように記している。

八月五日に毛主席は……次のように語った。私は全国を周遊し、中南から西南まで各大区の同志を招いて話をしたが、どの省もすべて去年は一昨年よりよく、今年は去年より良いと言い、見る所けっして全くの暗黒ではない。状況を過度に真っ暗に評価している同志がいる、と。八月六日に毛主席は講話の中で批判的に、現在一部の同志は状況を全くの暗黒で、光明はそれほどないと見なして、若干の同志の思想を混乱させ、前途を失わせ、自信をなくさせてしまった、と語った。八月九日に中心グループの会議で、毛主席はまた次のように語った。一九六〇年下半期以来、皆が暗黒のみ語り光明を語らなくなって、もう二年経った。……この二年間、困難や暗黒を語るのは合法で、光明を語るのは合法ではなかった。この会議こそこの問題を解決せねばならない、と。〈754-755〉

この毛沢東の「黒暗風」批判について、薄自身は次のように分析している。

毛主席は調整を行なうことに同意はしたが、前提は、必ずまず一九五八年以来提起した路線・方針・政策の正しさを肯定して、いかなる抵触も許してはならないこと、前の数年に犯した誤りの分析、困難の分析や困難を克服する方法については、一致することだった。西楼会議や五月の中央工作会議は調整政策を大いに一歩進めたが、いくつかの面でこの大前提に抵触してしまった。だから、毛主席が出てきて関与しようとしたのだ。

そして、続けて毛沢東の次の発言を紹介している。

今、総路線や「三面紅旗」〔「社会主義建設の総路線」・「大躍進」・「人民公社」〕に賛成しない人は、状況を全く暗黒だと言っている。『官場現形記』などのいくつかの小説が暗黒を暴露したが、人々は読みたがらず、魯迅がそれを譴責小説と呼んだようなものだ。『紅楼夢』『西遊記』を人々が愛読するのは、希望があるからだよ。『金瓶梅』が広まらないのは、それが猥褻だからというだけでなく、主要には暗黒を暴露しただけだからだ。〈756-757〉

こうした発言から、毛沢東は政策の誤りやその結果としての困難という暗黒面をまったく見ようとしなかったのではないが、幹部や大衆にはなお大きく躍進したいという「主体的意気込み」があると思い、暗黒面ばかりを強調することによってそうした「主体的意気込み」を萎えさせてしまうことを恐れたのだ、ということがわかる。何度も書いてきたように、繰返された「大衆運動」によって、お上の意向に応えて動くしかない民衆と、上の意向を忖度し迎合しようとする各級の幹部という政治社会構造が作られていたが、それは皮肉にも頂点に立つ毛沢東の眼も歪めてしまうことになったのである。

3 「単干風」批判

「単干風」とは「個人経営風潮」という意味だが、主要には調整政策によって当時全国の農家の約二〇%を占めていたと推計されている、個別農家の生産請負制（包産到戸）を指している。安徽省では包産到戸の農家が八〇%に達したという。〈757〉

この年［一九六一年］三月、ある老農の啓発の下で安徽が、計画、分配、大きな野良仕事、用水、災害とのたたかいなどの面で統一管理を実施（つまり「五統一」）する下での「責任田」、実質的にはつまり包産到戸の形態を創造した。……「責任田」の実施は確かにとても効果があり、大幅に増産でき、農民の生活への積極性を高めた。当時ある幹部が毛主席に書いた手紙で、次のような生き生きとした例を挙げている。安徽の太湖県徐橋は「責任田」を実施し、近くの宿松県は実施していなかった。徐橋から宿松県に嫁いだ娘たちが三～五日に一度実家に駆け戻り、目的は数回たっぷり飯を食うことで、帰る際にまた食糧を持っていこうとした。母たる人が嘆息して、「ああ、あんたたちの宿松県が責任田を実施しないのは、本当に気をもませるよ」と言った、と。〈758〉

薄によれば、この問題に対して毛沢東は、三月には省委員会書記の曽希聖に「試してみなよ！仕損じたら反省すればいいんだ」と告げ、すぐ後で「小さい範囲内でやってよい」と告げた。安徽からのその後の報告に対して、「毛主席はまだ態度表明をしなかった」が、七月には「渋々一言、『諸君が間違いないと思ったら、どこでも推進してよい』と語った」、という。ところが「この年一二月になって、毛主席の思想に変化が起こり、農村で生産隊を基本生産単位とするのを実施して後は、これが最後の政策的限度であって、さらに退くことはできないと考えた」、という。〈758-759〉

この制度は明らかに農民の生産意欲を喚起していたので、中央農村工作部長の鄧子恢や毛沢東の秘書の田家英*らが推進を主張し、劉少奇は好意的で、鄧小平や陳雲らは明確に支持した。鄧小平の「黒猫でも白猫（実際は「黄色い猫」だったが）でも鼠をとるのがよい猫だ」という有名なセリフも、この時である〈760-763〉。これに対し毛沢東は、とりわけ鄧子恢について、一九五五年の農業集団化の際の彼の態度ももちだして、「資本主義農業の専門家だ」として厳しく批判したのである〈765〉。結局、劉少奇らも追随せざるをえず、中央農村工作部は廃止された〈765〉。

＊一九二二―一九六六年。田家英は筆名で、本名は曽正昌。文化大革命で迫害され、その死には自殺説と他殺説がある。

確かに経済合理性からすれば、後の改革開放期を見るまでもなく、「包産到戸」の優位は明らかである。当時も、多くの農民がそれを歓迎していたことは、毛沢東も否定できなかったようであり、薄は次のような話を紹介している。当初「安徽などの地の包産到戸というやり方に賛成していなかった」田家英が、毛沢東や劉少奇の故郷の農村を調査してから賛成に転じ、そのことを「安徽の『責任田』の資料を見て、非常時期には必ず採らねばならぬやり方だと考えていた」陳雲に報告した。陳雲は「毛主席に大衆が包産到戸を歓迎していることを報告したが、毛主席は『包産到戸』は後退であって、遅れた大衆の要求を反映していると考え、また、我々は大衆路線を歩まねばならないが、完全に大衆の意見を聴くことはできない時もあり、たとえば包産到戸をやろうとするのは聴くことはできない、と語った」という〈761〉。

事柄は冷戦という歴史状況の中で捉えるべきであろう。そもそも急激な農業の集団化自体が冷戦の産物だった。また後に見る当時の緊張した国際状況を考えれば、個人経営に近く集団性が弱くなる「包産到戸」を毛沢東が警戒し、社会主義に反する資本主義的なものだと捉えたのは、きわめて自然だと思われる。そのように見れば、ここからは国防と外交を専管事項として国際情勢にきわめて敏感な最高指導者と、特に経済における「非常時期」に経済合理性に傾きがちな実務官僚という、指導者間の意識のずれを垣間見るべきであるように思われる。毛沢東が「包産到戸」への反対を明確にしたのは、次節で見るように、まさしく王稼祥の対外宥和的な外交政策の提案を「三和一少」だと批判し、北ベトナムへの支援を強めるとともに、中ソ論争の本格的な開始に向った時であった。

ちなみに「包産到戸」は、後に毛沢東が修正主義者の「三自一包」政策の一つに含めている（第六章第1節3）。しかし、残る「三自」に関してはこの時期には否定してはいなかったことに、注意すべきである。「損益自己責任」への言及は今のところ見当たらないが、「自留地」と「自由市場」については、八月一七日の中央工作会議の中心小組会議における毛沢東の発言がある。

……李先念が、自留地は駄目ではないが、多いのも駄目で、多かったら自由市場に影響を及ぼして、不利だ、と言った。毛沢東は同意を表明した。……李先念が食糧・綿花・油は自由市場〔で売買できるもの〕に加えてよいかどうか？と提起した。毛沢東は次のように語った。加えなかったらよくないのではないか。自由市場があるからには、また交換の機能も果たすのであって、おおやけにして食糧の交換機能を果たさせる方がよい。多くの三類物資*

を、我々がやらず、また自由市場に出すのも許さなかった結果、邯鄲では数百万斤の三類物資を皆駄目にしてしまった。(『毛年譜』:137)

この時劉少奇も、次のような発言をしている。

自由市場は事実上存在している。やらせなかったら、闇市がある。存在させないのは駄目だ。(『毛伝』下:1248–1249)

劉少奇はもちろんのこと、毛沢東もこの段階では「包産到戸」は厳しく批判しながらも、「三自」は否定してはいなかったことがわかる。「三自一包」批判は、毛沢東がさらに国際的な危機感を強めた、次の段階の産物なのである。

＊一類物資と二類物資を除くすべての物資で、地方の行政機関が分配する煉瓦・石材などを指す。一類物資は国家統一分配物資あるいは計画分配物資ともいい、鋼材・石炭・重油・自動車などの重要物資を指す。二類物資は部管物資ともいい、国務院の各主管部が分配する鉱石・紡織機械などの比較的重要な物資を指す。

4 「翻案風」批判

「翻案」とは判決や処分・評価などを覆すことであり、ここでは過去の政治闘争で批判された者の名誉回復に相当する。「七千人大会」後、劉少奇・鄧小平らは「『反右傾』闘争で失脚した党員、幹部の名誉回復を積極的におしすすめ」、「大会の前後に『大躍進』期以来の失脚幹部のほとんどが名誉回復されたが、その数は一千万人にものぼり、家族を含めれば影響は数千万人にも及ぶとされている」（宇野他 1986：202）。毛沢東の「翻案風」批判は、けっしてこれらの名誉回復全体を問題にしている訳ではない。

問題は、彭徳懐に対しては「七千人大会」でも名誉回復はしていないことである。〔劉〕少奇同志は〔彭徳懐を批判しなければならない〕四点の理由を列挙した。一つは党内に小集団があり、高〔崗〕・饒〔漱石〕反党集団の主要メンバーだったこと。毛主席が口を挿み、彭〔徳懐〕と高崗では、実質的な領袖は彭だ、と補充した。二つには、彭と高にはいずれも国際的なバックがあり、何人かの外国人が中国で転覆活動をやっているのと関係があること。三つには、党を簒奪しようとする陰謀をたくらみ、中央に背いて党内で派閥活動をやったこと。四つには、彼の一九五九年の手紙は早く書かず遅く書かず、まさに彼が軍事代表団を率いて数カ月外国を訪問して帰国した後にすごく急いで書いているのは、工作での欠点・誤りを利用して党に進攻するチャンス到来と考えたのだということ。〈766〉

彭徳懐は高崗事件や「外国との関連」などで名誉回復が拒否されたのであり、実質的にはこれに反論する形で、彭は六月に名誉回復を求めた上申書（「八万言の書」）を提出した。高崗事件については、彭は高崗の劉少奇批判を聴いてすぐに中央に報告しなかったのは誤りだったと認めつつ、「彭高連盟」の存在は否定している〈767〉。毛沢東が批判したのは主にこの彭徳懐の件であり、それは薄一波の次の証言からも明瞭であろう。

北戴河会議の期間、毛主席はすでに何度も講話や口を挿む形で彭徳懐同志を批判していた。八月五日、毛主席は次のように語った。五九年の反右傾闘争は、大多数はやり間違ってしまった。彭徳懐が評価の覆しを求め名誉回復を求めているが、私は五九年の反右傾は全部帳消にするのはいけないと思う、と。八月一一日、毛主席は中心グループの会議で、東風［社会主義勢力］が西風［資本主義勢力］を圧倒しなければ、西風が東風を圧倒するのであって、彭徳懐は手紙を書いて、昔言ったことを全部ご破算にしている、と語った。八月一三日にもまた、我々はただ背後にある悪巧みに断固反対しているだけで、陽謀をやったって平気だ、と語った。〈767–768〉

「陽謀」というのは、「反右派闘争」の時に、「公然とやっているから陰謀ではない」という理由付けをして、毛沢東が作った造語である。

こうしたことから、毛沢東の「翻案風」批判は大躍進の評価に対してというよりも、彭徳懐の名誉回復の動きに対する批判であり、ソ連への警戒と連関していることがわかる。この時同じく高崗との関連で、小説『劉志丹』* が厳しく批判され、現在の最高指導者である習近平の父親の習仲勲** が、「彭・高・習反党集団」に祭り上げられていることも〈770〉、同様であろう（詳細は石川2010）。

*劉志丹（一九〇三—一九三六年）は、一九二〇年代後半から三〇年代半ばに陝西省北部で活動した共産党の指導者。高崗は当時劉の片腕的存在で、劉の死後その政治的基盤を引き継いだ。小説は劉の弟の妻である李建彤（一九一九—二〇〇五年）が劉の功績を讃える為に書いたものだが、高崗との関係から「反党小説」だと断罪され、「黒幕」とされた周仲勲らが失脚した。

**一九一三—二〇〇二年。当時は国務院副総理。陝北出身で高崗とともに劉志丹の下で活動していた。小説の出版には、実際は強く反対していた。

5　階級闘争の強調

「黒暗」・「単干」・「翻案」の風潮に対する批判は、結局は国内の修正主義と闘うための階級闘争の強調に帰結する。八期一〇中全会公報は、次のように記している。

八期一〇中全会は、プロレタリア革命とプロレタリア独裁の歴史的時期全体で、**資本主義から共産主義に移行する歴史的時期全体で（この時期は数十年かさらに長い時間さえも必要とする）**、プロレタリアートとブルジョアジーの階級闘争が存在しており、社会主義と資本主義の二つの道の闘争が存在していることを指摘した。**覆された反動的支配階級は滅亡に甘んじることなく、いつも復活を企図している。同時に、社会にはまだブルジョアジーの影響や旧社会に慣れた勢力が存在し、一部の小生産者の自然発生的な資本主義的傾向が存在しており、このため、人民の中には、まだ社会主義改造を受けていない人が若干おり、彼らの人数は多くなく、人口の数%しか占めていないが、ひとたびチャンスがあれば、すぐに社会主義の道を離れて、資本主義の道を歩もうとする。こうした状況の下では、階級闘争は不可避である。これはマルクス・レーニン主義が早くから明らかにしている歴史法則であり、我々はけっして忘れてはならない。**このような階級闘争は錯綜し複雑で、曲折し、高くなったり低くなったりし、時に非常に激烈でさえある。このような階級闘争は、不可避的に党内にも反映するはずだ。国外の帝国主義の圧力と国内のブルジョアジーの影響の存在は、党内に修正主義思想が生まれる社会的根源だ。国内外の階級の敵に対し闘争すると同時に、我々は必ず党内の各種の日和見主義の思想傾向に時を移さず警戒し、断固反対しなければならない。一九五九年八月に廬山で開かれた八期八中全会の重大な歴史的意義は、それが右傾日和見主義つまり修正主義の進攻を勝利のうちに粉砕し、党の路線と党の団結を守ったことにある。

(『重要文献』第一五冊：653-654)

太字部分は毛沢東が修正・挿入した所である（『毛文稿』第一〇冊：196–198）。毛はこれ以前に、次のように語っている。

中国には必ず修正主義は出ないのか？これも言い難い。子供には出ないが、孫には出て、しかし大丈夫で、孫で修正主義が出ても、孫の孫にはきっとマルクス・レーニン主義が出るだろう。弁証法に基づけば、事物はすべてその反対側に行こうとするもので、我々も必ずしも反対側に向かわないこともないのだ。〈772〉

また全会では、次のように語っている。

我々には国際的な「帝〔国主義〕・修〔正主義〕・反〔革命〕」との矛盾以外に、国内にも人民大衆と修正主義との矛盾がある。我々は以前それを右傾日和見主義と呼んだが、今思うに、名前を改めて、中国の修正主義と呼ぶのがよいのではないか。〈772〉

薄一波はこの毛の話を紹介した後に、つぎのように記している。

この会議で、彼が重点的に語ったのは、国内や党内の修正主義にどのように対処するかという問題だった。実際には、彼がここで言っている修正主義は、相当程度、一九六二年下半期の「〔黒暗・単干・翻案の〕三風」（つまり党内の認識の違い）について言っているのだ。〈772–773〉

前章までで見たように、毛沢東は反右派闘争以前には、きわめて楽観的な国際情勢認識を背景に、「我々の国家内部の階級矛盾は基本的に解決した」と表明していた。反右派闘争以後には、ブルジョワジーとプロレタリアートとの矛盾は政治・思想上はまだ解決しておらず、主要矛盾であるから階級闘争は必要だが、一部（右派）を除けば敵と味方の矛盾ではない、と考えるようになった。さらに廬山会議後、対ソ認識が厳しくなった結果、対米認識も厳しくなり、「平和的変質」策が生み出す修正主義への警戒から、永久革命論につながる階級闘争について考え始める。ただし、五〇年代末の段階では、毛はソ連を疑いながらもまだ修正主義になったとはしておらず、国内に対しても自己の考えと異なるものもまだ「右傾日和見主義」という表現であった。次節で見るように、六〇年代に入ってソ連を修正主義だと認識したことが、同時に国内の見方も厳しくさせ、自己の考えと異なるものを修正主義だと認識し、階級闘争を強調するようになったのである。

第3節　一九六〇年代初めの国際情勢

1 「三尼一鉄」会社

その意味では、薄一波が次のように記していることに注意すべきであろう。

毛主席が階級闘争の問題をこのような高さにまで引上げたのには、歴史的原因がある。国際的には、一九六〇年から、わが党はソ連に修正主義が現れたと認識し、どのように「修正主義に反対し防ぐ」かという問題を考えることがとても多かった。一九六二年四～五月、ソ連は直接介入して新疆のイリの騒乱や塔城など三県の辺疆住民の外国逃亡などの事件を醸成し、またある国家がわが国の辺疆地区で衝突を挑発したのを［インドとの国境紛争を指す］密かに後押しした。わが国の海峡両岸の情勢も非常に緊張した。蒋介石集団は「大陸反攻」をせねばならぬとがなりたてた。アメリカは絶えずスパイ飛行機を派遣してわが国の内陸（北京を含む）領空を侵犯した。敵対分子の破壊活動や深刻な経済・刑事犯罪活動など、国内の一定範囲内の階級闘争も、比較的激烈に現れた。さらに主要なのは、毛主席が党内の認識上の違いも深刻な階級闘争と見做したことだ。毛主席が階級闘争を強調したことは、とても早く全党に受け入れられた。準備会議から八期一〇中全会まで、皆が発言して毛主席の観点を支持することを表明し、「毛主席が提起したこれらの問題は、長期間、階級が消滅するまでずっと役に立つ」、と考えた。このことは、当時存在した「左」傾の思想傾向が偶然ではなく、個々人の責任ではなく、全党的な思想・認識の問題だ、ということを物語ってい

る。〈774–775〉

当時の内外の状況から、階級闘争を強調する毛沢東の議論は、かなり早く受容れられたというのである。

毛沢東は六〇年三月には、ソ連を「半修正主義」と呼んでいるようである（「関於反華問題」『毛文稿』第九冊：93–94）。そして四月には、「半」をとってソ連を修正主義だと明確に認識するようになった。

一九六〇年から、中ソ両党の不一致はさらに激しくなった。四月二二日、『紅旗』編集部の名前で発表した「レーニン主義万歳」という文章は、ユーゴスラビアのチトー同志を名指して批判したが、実際にはソ連のフルシチョフを暗に批判したものだ。内部では、ソ連はすでに修正主義に変質しており、彼らの教訓を吸収せねばならないと明確に指摘し、かつ国内にもすでに「修正主義者」、つまり彭徳懐同志がおり、修正主義を警戒し、「平和的変質」を防止せねばならない、と考えていた。〈804〉

さらに、「とても早く全党に受容れられた」のには、次の事情も関連していると思われる。〔大躍進が招いた深刻な経済困難に対処するために開かれた北戴河〕会議が進んでいた過程で、〔一九六〇年〕七月一六日、当時のソ連政府が突然中国政府に口上書を送って、ソ連の専門家を召還し、また経済援助契約を破棄し、わが国の建設で必要な設備の供給を停止することを一方的に決定して、我々に経済的な圧迫を行なった。これはわが国のいくつかの重要な設計項目や科学研究項目を中断に追いやり、いくつかのまさに試験生産をしていた工場や鉱山が期日通りの操業開始をできなくし、わが国の経済建設をひどくかき乱し、わが国の経済生活を「雪の上に霜を加える」［泣きっ面に蜂の］ようにした。ソ連政府のこのような信頼に背き義を捨てる行為は、全党や全国人民の憤慨を引き起こした。〈626〉

さて、先述の「翻案風」批判では、彭徳懐は反中国の「三人の尼」に呼応したのだという批判がなされた。「三人の尼」とはアメリカのケネディ*（中国語で肯尼迪と表記）、ソ連のニキータ（尼基塔）・フルシチョフとインドのネルー**（尼赫魯）を指し、これに中国も以前から修正主義だと非難していたユーゴスラビアのチトー***（鉄托）を加えて、当時「三尼一鉄」****会社と略称していたという〈768〉。ここに当時の国際情勢に対する意識がよく示されており、それが毛沢東の階級闘争論の強調を受容れさせたのである。

*ジョン・F・ケネディ（一九一七―一九六三年）。民主党員で、アメリカ第三五代大統領。任期中に暗殺された。

**ジャワハルラール・ネルー（一八八九―一九六四年）。インドの独立運動の指導者で、独立後の初代首相。

***ヨシップ・ブロズ・チトー（一八九二―一九八〇年）。ユーゴスラビアの第二代で終身の大統領。多民族

間の融和と統合に努め、独自の社会主義体制を築いてスターリンと対立し、修正主義と非難された。
＊＊＊＊音訳に使われる「尼」は「泥」と発音が同じで、「水泥」はセメントを指すから「会社」なのであろうか？あるいは「硬い頭」のあてこすりであろうか？

2　ベトナムをめぐる動き

ただ薄一波は触れていないが、当時の国際情勢では、ベトナムをめぐる動きを重視しなければならない。一九五四年のジュネーヴ協定でベトナムは北緯一七度線で南北に分けられ、二年後に統一選挙が実施されるはずであった。しかしアメリカは南北分断を固定化し、南のサイゴン政権を支援した。他方、ベトナム労働党は六〇年一二月に南ベトナム解放民族戦線を結成させ、サイゴン政権に対するゲリラ活動を拡大していった。こうした事態に、アイゼンハワーに替わったケネディの政権は、「米側が武器・戦費・顧問を出し、サイゴン政権が第一線で戦う『特殊戦争』を発動し、六二年二月、南ベトナム駐在米援助軍司令部が設置され」た（朱 2001：21）。六二年末には顧問は一万一〇〇〇人に達している（古田 1991：21）。

これに対して、アメリカとの平和共存を掲げるソ連はベトナム支援には消極的で、一九六二年に北ベトナムがソ連に武器の提供を要請したが、ソ連は拒否したという。（朱 2001：66、註 40）

これと対照的に、中国は南部でのゲリラ活動に対して「六〇年から、全力支持の姿勢を鮮明にした」。そして、「中越両国の指導者は六二年夏、北京で、南ベトナムにおける戦場情勢と米軍の北ベトナム攻撃の可能性を検討し、軍事的協力関係を一段と推進することで合意し、ベトナム人民軍の作戦能力を強化するために、中国はただちに、二三〇個の歩兵大隊を装備する武器の無償援助を決定した」という（朱 2001：21）。朝鮮と同様、直接に地を接するベトナムでの動きに、中国は敏感に反応したのである。

また、ここで「米軍の北ベトナム攻撃の可能性を検討」していることは、アメリカが「戦争という方法で社会主義を消滅させる」策をとる可能性と結びつくものであり、アメリカに対する軍事的な危機意識を強めざるをえない。他方で、ベトナム援助に消極的なソ連に対しては、アメリカの「平和的変質」策の効果をより一層強く感じることになる。それらがさらに、国内情勢（階級闘争）に対する見方を厳しくさせたのである。

3　「三和一少」批判と中ソ論争の開始

こうした状況が対外政策に二つの選択肢を生む。朱建栄によれば次のとおりである。

六二年春、党中央対外連絡部の王稼祥*部長は、困難な時期を乗り切るため、対外関係において低姿勢外交の実施を党政治局に提案した。彼は具体的に、平和的外交政策を確認する対外声明を発表すること、国際闘争で米国の矛先が全部中国に向けられることをかわし、インドとは関係を打開し、ソ連とは決裂を回避し、対外援助では力相応の程度にとどめるなどの政策提案を行った。……王稼祥の政策提案は、「党内部に存在した、実際の状況から出発して政策決定を行うべきだという強い願望を集中的に反映した」と中国の研究者は指摘している。（朱 2001：36）

＊一九〇六―一九七四年。モスクワの中山大学への留学経験をもち、ソ連大使を務めるなど、外交関係で活動した。

しかし、王の提案は厳しい批判を浴びた。朱は次のように続けている。

同年八月の北戴河会議以降、毛沢東は王稼祥の主張を「三和一少」（帝国主義、修正主義、各国の反動派の三者に宥和的で、民族解放運動への支持を減少する、という意味）として批判し、ソ連との理論論争に踏み切ることになった。九月の党の八期一〇中全会で、周恩来は毛沢東の意を汲んで、「我々と修正主義との闘いは新しい段階に突入した」、「マルクス・レーニン主義の真理、世界革命の中心地はすでにモスクワから北京に移った」と発言した。（同：36–37）

こうして、中ソの論争が本格的に開始されるのである。毛沢東らにとっては、もはや修正主義以外の何物でもないソ連を叩く論客の一人が、鄧小平であった。

それとともに、北ベトナムへの支援を強めていった。多額の外貨交付とともに、「六二年からの二年間、中国は南ベトナムの解放戦線に、銃九万丁、弾丸二一〇三万発、大砲四四六門、砲弾七万発余りを無償供与した」（同：22）。

第4節　社会主義教育運動

1　『前十条』

「三和一少」批判は、国内の修正主義に対するより厳しい闘争をも導く。それが翌一九六三年から本格化する社会主義教育運動であり、「毛沢東はソ連の路線に全面的に反論する『二五項目提案』の執筆を指導している最中に、農村の社会主義教育運動を発動することに関する『前十条』を起草したのである」（朱 2001：60）。薄一波は社会主義教育の必要性を説く毛沢東の意見を、「当時誰もが支持した」という〈777〉。

農村では帳簿・倉庫・財務・労働点数に対する幹部の不正（「四不清」）の点検が主要で、「四清」と略称され、都市では汚職・窃盗、投機・買占め、派手・浪費、分散主義、官僚主義への反対が主要で、「五反」と略称された。五月に制定された「当面の農村工作における若干の問題に関する中共中央の決定（草案）」（『前十条』）では、「目下の中国社会に深刻で尖鋭な階級闘争が現れて」おり、「いくつかの公社や隊の指導権は、実質的には彼ら［地主・富農］の手に落ちている」として、社会主義教育を進め、貧農・下層中農を組織して依拠し、「九五％以上の農民・大衆や農村幹部と団結して、ともに社会主義の敵に対処」すること、具体的には「四清」を進め、幹部を集団の生産労働に参加させることを指示した。そうしなければ、「それほどの時間をかけずに，短ければ数年・十数年で、長ければ数十年で、不可避的に全国的な反革命の復活が現れ、マルクス・レーニン主義の党は必ず修正主義の党に変質し、ファシズムの党に変質し、中国全体が容貌を変えてしまうはずだ」、としている（『重要文献』第一六冊「中共中央関於目前農村工作中若干問題的決定（草案）」: 314–318）。

2 『後十条』

運動が開始されると、すぐに各地で様々な暴力や「行き過ぎ」が現れ、多くの自殺・逃亡事件を引起した。これに対して、薄一波は次のように記している。

一九六三年五月一五日から六月一五日にかけて、彭真同志が河北・江西・湖南・広西・雲南・貴州・四川・陝西など八省で視察工作をした時も、この面でのいくつかの問題を発見し、七月四日に毛主席と中央に「当面の農村の階級闘争・社会主義教育と四清・五反など若干の問題に関する報告」を書いた。報告は次のように提起している。焦りの気分を防止せねばならない。上層中農、工作人員の中の地主・富農や資本家の子女、誤りを犯した幹部に対して、正しく対処し、行き過ぎを防止せねばならない。汚職・窃盗・投機・買占めをした者に対しては、厳粛さを損なわないという原則の下で、できるだけ寛大に処理しなければならない、と。彼は、絶大多数の幹部はよいかあるいはうまく教育でき、指導権を地主・富農に簒奪されて堕落変質したり、あるいは状況が非常に混乱して運動を指導する力がない人民公社や隊は工作組を派遣すべきである以外は、「正常な状況の下では、一般にはもともとの基層組織や幹部に対して指導・教育し、かつ基本的に依拠して今回の運動を進めるべきで」、「旧解放区の土地改革や整風の時の『石を運ぶ〔邪魔者を取除く〕』や『囲いを跳び越える〔規定を逸脱する?〕』といった誤りを繰返してはならない」、と特に強調した。

試験的実施の中で現れた問題に鑑みて、中央は運動の中のいくつかの政策について明確な規定をする必要があると考えた。九月に招集された中央工作会議で、上述の政策問題について討論を進め、また〔鄧〕小平同志と譚震林同志が主導し、田家英同志が執筆して、「農村社会主義教育におけるいくつかの具体的な政策の問題について」を起草した。〈781〉この文書は何度か修正を経て毛沢東に報告された。

一〇月二五日、毛主席は「『農村社会主義教育におけるいくつかの具体的な政策の問題について（草案）』の印刷・配布と宣伝に関する通知」を起草し、この文書を農村の全党員と全農民に読み上げるよう求め、同時に都市のあらゆる人に読むよう求め、農村と都市の地主・富農・反革命分子・悪質分子・右派に対しても読み上げて説明するよう求めた。〈781〉

こうして『前十条』を補うため、「農村の社会主義教育運動におけるいくつかの具体的政策に関する中共中央の規定（草案）」と改題され、後に『後十条』と称されたものが公布された。『後十条』はとくに『前十条』にある「九五%以上の農民・大衆や農村幹部と団結」することについての多くの政策規定をして、暴走を防ごうとしている。しかし暴走は防げなかったどころか、むしろ翌六四年に入ると、指導者たちは暴走を容認さえするようになる。社会主義教育運動の推進が、指導者たちの対外危機意識と連動していたからである。

第六章　激動の一九六四年——文化大革命への傾斜

第1節　国際的緊張の高まり

1　ベトナム戦争への傾斜

一九六三年一一月、アメリカの黙認の下に、軍事クーデタによって南ベトナムのゴ・ディン・ジェム政権*は倒されたが、その三週間後にケネディが暗殺された。後を継いだジョンソン**は、翌年すぐにある大統領選挙に勝利するためにも、ケネディの「悪しき遺産」ともいうべき南ベトナムでの戦争を引きずり、泥沼的に介入を深めていった。まず、大統領就任後まもなく、北ベトナムに対する「三四Ａ作戦」と呼ばれた秘密工作の開始を承認した。この作戦には、Ｕ２航空偵察機と地上のスパイによる北ベトナム情報の収集の強化、特別チームの空中投下と海上潜入による北ベトナムの経済施設の破壊、南ベトナム魚雷艇のトンキン湾への出動などが含まれている。翌六四年二月には、「デソート・パトロール」と呼ばれた作戦を開始し、海軍駆逐艦にトンキン湾を巡航させることによって北ベトナムに圧力をかけるとともに、沿岸防御陣地や警戒レーダー網に対する電子偵察を進めた。さらに三月には、北ベトナム爆撃計画の準備を命じた（高松 1998：176、朱 2001：81）。

＊一九〇一―一九六三年。アメリカの支援を受けて成立したベトナム共和国（南ベトナム）の大統領。ジュネーヴ会議に基づく南北統一選挙を拒否し、反対者や仏教徒を厳しく弾圧し、一族登用など政権の腐敗がひどかった。

＊＊リンドン・ジョンソン（一九〇八―一九七三年）。民主党員でケネディ大統領時の副大統領。ケネディ暗殺後に第三六代大統領になる。

他方北ベトナムのベトナム労働党は、六三年一二月、南ベトナムでの武装闘争を飛躍的に拡大することを決定した。朱建栄によれば、「『ベトナム戦争のカギとなる転換点の一つ』とも評されたその決議に中越両国首脳部の密接な協議があったと見られ」る（朱 2001：24）。したがって、「毛沢東は『三四A』や『デソート・パトロール』など米側の具体的な作戦計画を知らなかったかもしれないが、北ベトナムの作戦構想を把握しており、それに対する米国の更なるリアクションを当然予想していた」のである（同：82）。

2　中ソ公開論争

ベトナムでの戦闘の激化と比例して、中ソの論争も激しくなっていった。山際晃と毛里和子の研究によってまとめておこう。

八期一〇中全会直後の「一九六二年一〇月に起こった中印武力紛争とキューバ危機をめぐって、中ソの見解はまったく対立した」（山際 1987：19）。しかし、六二年末から六三年前半までは、まだ中ソともに「対立が直接的になるのをできるだけ避けようとし、ソ共［ソ連共産党］は中共［中国共産党］に近いアルバニア労働党を、中共はユーゴやイタリア、フランスの共産党を理論的に批判している。主要な論点は、ソ共第二〇回党大会とその後のフルシチョフの平和共存外交をめぐって、スターリンの評価、平和共存の可能性、革命の平和移行の可能性、現代における戦争と平和の問題、などである。……一九六三年七月五日から二〇日にかけて、ソ共と中共の意見を調整するため最後の中ソ両党会談が開かれた。……この会談は結局実りのないまま決裂したが、決裂後両党間の対立は争って公開され、党の間だけでなく国家間の過去のさまざまな矛盾や軋轢も暴露された」（毛里 1987：111）。

会談決裂直後の「七月二五日に米英ソ三国は、部分核停条約に仮調印した。中国はこれにきわめて厳しい反応を示した」（山際 1987：20）。そして、「会談決裂後九月六日から翌年七月一四日まで、九回にわたる詳細なソ連批判書簡（いわゆる〝九評〟）がいずれも公表された。全面的なイデオロギー対立である。この時期には、これまでの論点に加えて、社会主義段階の性格をどう見るか、具体的には社会主義社会での階級矛盾と階級闘争という問題が中心になった」（毛里 1987：111）。〝九評〟最後の「第九論文では、『フルシチョフはソ連のプロレタリア独裁をなくし、彼をはじめとする修正主義集団の独裁、つまりソ連のブルジョア特権階層の独裁を打ち立てた。彼のいわゆる「全人民の国家」は確かにプロレタリア独裁の国家ではなくて、一握りのフルシチョフ修正主義集団がソ連の広範な労働者、農民、革命的知識人に対して独裁を行なっている国家である』と断じた」（山際 1987：20）。

ただしこの段階では、相互の論争の口調は激しいが、まだ「全面的な敵対関係への突入、対米軍事同盟関係の破棄」には至っていなかったことにも、注意する必要がある（朱 2001：39）。

3 「三自一包」批判

このように一九六四年に入ると、ベトナムをめぐるアメリカとの緊張の高まりとともに、中ソ論争も激しさを増していった。こうした状況が国内の修正主義への警戒をさらに強めた結果、調整政策が帯びる自由主義的傾向に対する見方を厳しくする。先述のように、六二年の北戴河会議以後、毛沢東は外交に関する王稼祥の提案を「三和一少」だとして批判していたが、六四年二月の金日成との会談では、外交の「三和一少」を修正主義だとするとともに、「これらの人は国内でも三自一包を主張している」とし、鄧子恢の名を挙げて非難した（叢1996：584-87）。「三自」とは自留地・自由市場と損益自己責任を、「一包」は農家の生産請負（「包産到戸」）を指す。先に見たように、北戴河会議後の八期一〇中全会では、毛沢東は「包産到戸」の問題では鄧子恢を厳しく批判しているが、「三自」については、生産隊を基本計算単位とすることとともに、この会議で修正された「農村六〇条」の重要な中身として通している。その「農村六〇条」自体、毛自身が主導して制定しており、もとになった鄧子恢が起草した『農村人民公社内務条例（修正稿）』についても、六一年当時の毛は激賞しているのである（同：942-43）。要するに、六四年に入ってからの「三自一包」批判は、明らかに毛の意識の変化の産物であり、「三尼一鉄」や「三和一少」との語呂合わせとともに、情勢が緊迫する下での経済の自由化に対する恐れを表明したものと考えられる。

4　三線建設の提起

四月二五日、軍事委員会総参謀部作戦部が、経済建設において敵の突然の襲撃をいかに防ぐかという観点から、工業・人口・インフラが沿海の大都市に集中しすぎていることや、ダムの危険性を指摘した。この報告書は羅瑞卿[*]から毛沢東・劉少奇・周恩来・鄧小平・彭真に届けられたが、「諸指導者はほとんど反応がなかった」（朱 2001：126）。ただ毛沢東だけが、敏感に反応した。

＊一九〇六―一九七八年。軍人・政治家。地位は大将で、総参謀長を務めた。文化大革命で迫害され、自殺を図った。

毛沢東は六月六日の中央工作会議で、「〔第三次五ヵ年〕計画の方法を変えること」と「戦争の準備をすること」を集中的に語り、後者で次のように提起した。

帝国主義が存在する限り、戦争の危険がある。我々は帝国主義の参謀長ではなく、それがいつ戦争をしようとするかはわからない。戦争の最後の勝利を決定するのは原子爆弾ではなく、通常兵器だ。……三線の工業基地の建設をしなければならず、一・二線も軍事工業をちょっとやらねばならない。各省はみな軍事工業を持たねばならず、自分たちでライフル、自動小銃、軽・重の機関銃、迫撃砲、銃弾、火薬を作らねばならない。これらの物があったら安心だ。攀枝花の鉄鋼工業基地の建設は速やかでなければならないが、いい加減であってはならず、攀枝花ができなければ、眠れない。〈843〉

ここでいう一線は想定される敵の侵攻に対する前線に当り、三線は内陸の侵攻しにくい所、二線はその中間であり、とくに三線に位置する四川省攀枝花の鉄鋼工業基地の早期建設を促したのである。この提起に対して、他の指導者の反応は鈍かったようで、毛沢東は「諸君らが攀枝花をやらないなら、私は小さな驢馬にのってそこで会議を開き、金がなかったら自分の原稿料でやるよ」、と皮肉っている〈843〉。

薄一波は、「毛主席のこの話は、参会した同志の共鳴を引き起こした。みな一致して彼の主張を支持し、農業生産を強化し人民の食・衣・用を解決すると同時に、迅速に三線建設を展開し、戦争の準備を強化せねばならないと考えた。これ以来、全国で戦争準備の空気が日増しに濃くなった」と記しているが〈843〉、筆者が引いた傍線部分に現れているように、他の指導者らはこの段階でもまだ調整政策を継続しようとする志向も強かったのである。会議は結局、「三線建設の必要性に言及するものの、六三年から構想された『衣食と日用品問題を集中的に解決し』『農業・国防工業・基礎工業の順で重視度を並べる』、という従来の方針を確認したにとどまり、三線建設のための予算の特別枠を設けなかった」(朱 2001：127)。

ただしこの段階では、毛自身も話の前半部分に当たる「計画の方法を変えること」の中で、次のように語っている。

ここ数年我々はいくつかの方法を模索してだしたが、我々の方針は農業を基礎とし工業を主導とするものだ。この方針に基づいて〔一九六六年から着手する第三次五カ年〕計画を作成するには、まず食糧をどれだけ生産できるかを見て、次にどれだけの化学肥料・農薬・機械・鉄鋼が必要かを見ることで、さらに戦争の需要も考慮しなければならない。〈843〉

これに続けて、先述の「戦争の準備をすること」を語ったのであり、だからまだごり押しはしなかったのである。

5 国防戦略の転換

国防戦略も大きく転換しようとしていた。朱建栄によれば、毛沢東は六月一六日の「十三陵会議」で、次の点を求めたという。①米国の侵略に備える正面について、五〇年代の朝鮮半島・台湾・インドシナ半島という三方向に限らず、他の沿海地域に対する侵入を含めたより多くの対戦コースを想定すること。②六〇年に林彪の直接指導で制定された「北頂南放」(北をしっかり防ぎ、南を敵の勝手にさせる）の防御方針に対し、あらゆる方向を「放」にして、「敵を深く誘い入れる」方針を実施すること。③中ソ軍事同盟に頼らず、完全に独立した対米作戦構想を制定すること（朱 2001：78–79）。この頃、ソ連に対する軍事的警戒も始まってはいたが、軍事的脅威の中心はやはりアメリカであり、アメリカとの対立が深まり戦争になった時に、「ソ連修正主義はもはや当てにならない」と判断したことが、こうした国防戦略の転換を促したのである。全面的な縦深防御戦略の採用であった。

6 「革命の後継者」問題と社会主義教育運動の急進化

国防戦略の転換と同時に、毛沢東は「革命の後継者」の問題を提起した。薄一波によれば、六月の「十三陵会議」で、毛沢東は次のように語ったという*。

帝国主義は我々第一世代・第二世代には希望がなく、第三世代・第四世代がどのようであるかには希望があると言うが、帝国主義のこの話は霊験があるかね？私は霊験があるとは願ってはいないが、可能性もある。フルシチョフみたいなのは、レーニンやスターリンが希望したかね？まだ出てはいない！修正主義をどう防ぐか、私は数条あると思う。……全部で5点で、マルクス・レーニン主義、人民、多数、民主、自己批判だ。〈815〉

＊後に成文化されたものが、『重要文献』第一八冊に「培養無産階級的革命接班人」と題して収録されているが（569–571）、内容はやや異なる。

一ヵ月後のソ連に対する「九評」にも、後継者の養成が修正主義を防止し「平和的変質」を防止する重要な措置だとして、この五条件を書き入れている〈816〉。アメリカの「平和的変質」への警戒が内外の修正主義防止を強く意識させ、不測の事態にも備えて「革命の後継者」育成の問題にも注目させたのであり、劉少奇ら他の指導者も当然これを意識して行動したはずである。そしてその具体化こそ、社会主義教育運動であった。

先に記したように、社会主義教育運動の暴走を防ぐために、一九六三年一一月に『後十条』が制定された。しかし、六四年に入ると、「中央の主要な指導者の見方にも変化が生じ、農村に存在する問題を非常に深刻だと見て、上の方の根源を追及せねばならないと強調した」という〈783〉。しかも、ここで注意すべきは、毛沢東以上に、劉少奇やその妻の王光美＊の方が突出してきたことである。薄一波は変化の事例を、六四年の春節期に劉少奇が、当時一緒に河北省撫寧県盧王庄公社桃園大隊で住込み調査をしていた、妻の王光美と交した会話から始めている。

一九六四年の春節の期間、〔劉〕少奇同志は一緒に河北の撫寧県盧王荘公社の桃園大隊で住込み調査をしている王光美同志との会話の中で、次のように語っている。深刻な「四不清」の誤りを犯した幹部は、上の方に大体みんな根源があり、単に下の根源だけ注意して、上の方の根源に注意しなかったら駄目で、上の方の根源を適切に調べるべきで、危険なのは上の方が明晰ではないことだ、と。〈783〉

＊一九二一―二〇〇六年。全国婦女連合会執行委員、全人代代表、政治協商会議常務委員などを務めた。文化大革命で迫害された。

そして、五～六月の「中央工作会議以後、運動全体が明らかに『左』に転じた」〈785〉。薄一波は次のように証言している。

六月二日に〔劉〕少奇同志は会議の講話の中で、「平和的変質」はすでに高級機関の中の何人かの者まで変質させ、省委員会・市委員会には皆彼らの人間がいる、と提起した。彼はもはや基層幹部に依拠することを強調せず、いくつかの地区の「四不清」幹部の工作隊に対するやり方は「餌をやる、見せかけをやる、引き延ばす、ごまかす」で、手立てを考えて彼らから逃れようとするのだと考え、また「四清」に抵抗すれば「反党」で、破壊すれば「反革命」で、党籍を除かねばならない、と語った。大衆を十分立ち上がらせてはいないそれ以前には、九五％以上の幹部と団結して基層に依拠することを強調することはできないのだ、と。六月八日に毛主席が会議で修正主義を防止する問題に言及した際、国家は三分の一の権力は我々が掌握しておらず、白銀廠*・小站**のごときは修正主義をやっている、と言った。中国に修正主義が現れてしまったらどうするか、という問題を提起したのだ。〈783-784〉

＊甘粛省蘭州の白銀有色金属会社のこと。甘粛省委員会の報告をもとに、薄一波が実質的にブルジョアジーに簒奪されていると報告し、周恩来の指示の下で工作組による「権力奪取」が行なわれていた。

＊＊小站は天津の地区の名で、陳伯達が同地区の権力を握ったとされる「三つの反革命集団」について報告し、同じく「権力奪取闘争」が行なわれた。

国家の三分の一の権力が奪われているという深刻な状況認識の下で、暴走を防ごうとした『後十条』の修正が不可避となり、劉少奇がその任に当たることになった〈785〉。

こうして一九六四年に入り、ベトナムをめぐって緊張が強まる中で中ソ論争が激化し、それが対内認識も厳しくして、社会主義教育運動を急進化させた。そして、指導者たちの危機感を一気に強めたのが、トンキン湾事件であった。

第2節　トンキン湾事件の衝撃

1　国防三線建設

一九六四年八月四日、ワシントンは、アメリカの駆逐艦二隻がトンキン湾で北ベトナムの魚雷艇に二度目の奇襲攻撃を受けた、と発表した。トンキン湾事件の発生である。ジョンソンはすぐ北ベトナムへの報復爆撃を命令し、議会の上下両院は実質的な戦闘拡大の白紙委任をジョンソンに与えた。「今日では、トンキン湾事件がアメリカ側の挑発行為によるものであったことはよく知られている」（白井 2006：65）が、以後、アメリカはベトナム戦争の泥沼に踏み込んでいくことになる。

トンキン湾事件は、中国にも大きな衝撃を与えた。アメリカ軍の動き次第では、ベトナムで中国軍とアメリカ軍が激突する朝鮮戦争の再現、ひいては全面的な米中戦争に発展しかねないからである。これによって、空海軍と広州・昆明両軍区が厳戒態勢に入る（朱 2001：119）とともに、先に毛沢東が提起した三線建設が本格的に開始された。先述のように、三線とは国防に関わる戦略地域概念であり、敵に侵攻されにくい奥地（三線）に大規模な軍需主導の重工業建設を行なって、「一線、二線の工業が完全に破壊されても、三線地域だけで長期にわたって軍用品を供給し続け、戦争を継続していく能力を形成すること」を目指したのであり、言わば、抗日戦争期の大後方の、核兵器時代における再現であった。この時期、最も敵の攻撃を受けやすい一線として議論されていたのは主要には沿海部で〈843〉、他方三線は四川・貴州・雲南の西南を中心に、「ソ連を背後に控える伝統的な後方地域」である西北（陝西・甘粛・青海・寧夏）も重視されており（朱 2001：132）、明らかにアメリカの侵攻を想定した対応であった。* 三線地域に対して、六五年から七五年までに約一二七〇億元（基本建設投資の四三・五％）の巨額が注がれ、「二〇〇〇余りの大型・中型企業と研究機関が建設され、四五の生産・研究基地、三〇余りの新興工業都市が誕生した」（丸川 1993）。こうして、基本建設投資を抑えて農業・重工業・軽工業など各部門間のバランスと連携を図るという、調整政策の基軸は失われたが、それが誤った路線だったとして放棄されたのではないことには注意が必要であろう。

＊その後の経過を辿ると、一九六五年五月中旬にアメリカとの全面的軍事衝突が当面回避できると判断されてから投資規模が縮小し、文化大革命の発動で停滞した（これまでが第一段階）。再び大規模に進められたのは六九年で、今度の契機は中ソ国境での武力衝突であった（第二段階）。従来、米ソに対する危機意識の違いが

曖昧だったため、第一段階と第二段階の違いはあまり重視されなかったが、歴史学としては、仮想敵として第一段階の中心は対米で、第二段階で対ソが重要になったことを峻別する必要がある（奥村 2010）。この点は三線の配置の変遷に現れており、第二段階ではソ連からの攻撃を想定した結果、第一段階の西南・西北から「三西」（河南・湖北・湖南各省の西部）に重点が移っている（丸川 1993）。

2　社会主義教育運動の過激化

こうした状況の中で、社会主義教育運動は劉少奇の主導下でさらに過激化していく。劉は七〜八月に各地で運動の調査と講話をしており、薄一波は次のように証言する。

彼はこれらの講話の中で、指導幹部は下りて住込み調査をしなければならないこと、上の方の根源（中央にまで至る）を追いかけねばならないこと、三分の一の権力が我々の掌中にはないことを際立って強調した他、次の三点を特に強調した。一点は『後十条』の九五％以上の幹部を団結させることに関する規定はそれほど妥当ではなく、大衆を思い切って立ち上がらせることを強調するのが不十分で、修正せねばならないこと。農村の基層幹部については、最初は依拠することはできず、問題を探りはっきりさせた後にようやく依拠できること。二点目は「四清」の範囲を拡大せねばならず、「四清」は経済面の問題を清めるだけでなく、経済・政治・思想・組織の四つの面に存在する問題は、すべてきれいにしなければならないこと。三点目は、運動においては精力を集中して殲滅戦をしなければならないこと。これは後の文化大革命で彼自身がやられたことであった。

〈785-786〉

問題の根源は「中央にまで至」るとし、大衆を思い切って立ち上がらせて殲滅戦をやる。これより先の九月一八日、劉少奇は「『後十条』修正草案」(『修正後十条』)に署名・発布した。これより先の七月、妻の王光美が住込み調査に基づいて、地元幹部を激しく糾弾する闘争を展開した「桃園の経験」を報告していた。この「桃園の経験」を採り入れて、「『後十条』が運動を基層組織と末端の幹部に依拠して進めるべきだとしていたのに対して、それでは大衆の立上りを妨げるということで、『修正後十条』では、工作隊が大衆の中にひそかに根を下して横のつながりを広げる(扎根串連)方式で大衆を立ち上がらせて、党員、幹部を厳しく審査すべきものとしていた」(宇野他 1986:210)。これについて薄一波は、次のように評している。

こうして、実質的には基層組織と幹部を一方に捨ててしまった。これが農村社会主義運動を急速に「左」に向かわせ、打撃面を深刻に拡大させた、重要な措置とステップだったことは、実践が証明している。

『後十条』修正草案が下に配布される前後に、〔劉〕少奇同志はまた以下に列挙するような［ここでは省略するが、薄は五つ挙げている］、運動を激化させて『左』に転じさせざるをえない措置を採ってしまった。……〈787-788〉

……試験実施の各県にはどこも万人にものぼる工作隊が集中し、農村の基層幹部を完全に捨て去り、多くの所で誤って「権力奪取」を進め、少なからざる農村基層幹部にあってはならない打撃を被らせた。……〈789〉

多くの所で、人を殴り縛るという現象さえ何度も現れ、自殺・逃亡などの事件が常に発生した。たとえば、北京郊外の通県では、二万人余の工作隊が行き、一一〇余の工作隊が人を殴り、自殺が七〇件余起き、五〇人余が死んだ。山西省洪洞県でも、四〇～五〇人が死んだ。点［試験実施の県］の上の「左」傾が、あっというまに面［試験実施の県をモデルにその後に実施された他の多くの県］の上の「四清」に影響を及ぼした。……〈790〉

多くの基層幹部が打撃を受けただけでなく、階級の再区分の過程で、一部の大衆も階級成分を引上げられ、誤った処理を被った。〈790-791〉

これが劉少奇とも関係が深く、彼を尊敬する、薄一波の評価である。そして、こうした情勢の下、都市の社会主義運動も影響を被った。たとえば上海市は一三三の単位に一万五千人の工作隊を派遣しており、ある単位では殴ったり、罰で立たせたり、〔対象者に名前や罪名などを記した〕札を付け〔引きつれて〕デモをしたり、勝手に捜査したりという現象があり、誘導尋問で自白させ録音する、監視する、偵察するなどの方法をとったりさえし、経済的賠償はおおざっぱな推算によるだけでなく、遠すぎるほど遡って推算した。〔彭真によれば〕……北京の学校で乱闘現象が発生し、非常に緊張し、特にいくつかの中学では、ひとしきり乱闘し、試験や授業をボイコットし、人を殴り、その結果三～四日で何人も自殺した学校もあった。工場でもこうした状況が発生し、ある工場では二日で二人自殺した。〈791〉

社会主義教育運動はこの後さらに過激化していくが、ここで特に注意したいのは、後に見るこの年一二月の会議までは、毛沢東は劉少奇のやり方を積極的に支持こそすれ、批判した形跡がないことである。たとえば、劉少奇は八月一六日に毛沢東宛の手紙を書き、運動の進め方について建議をしているが、二日後の毛の返信は次のように記している。

八月一六日付けの手紙は受取り、昨日（一七日）一度読んで、とてもよいと思い、完全に賛成する。今日（一八日）すぐに中央の各同志と相談して、そのように処理し、迅速に実行しよう。一〇月の工作会議ではまたこの件を一度討論し、意見の一致をえて、党内の思想を統

一すべきだ。……〈786〉

また、次のような証言もある。

これらの文書を下に降ろしたことが、運動での「左」傾の誤りの発展をさらに促進した。そのうち影響がもっとも大きかったのが、「桃園の経験」と天津の小站地区の権力奪取の「経験」だ。

「桃園の経験」は、七月五日の河北省委員会工作会議における王光美同志の報告で、以後また多くの地で語られた。当時陳伯達がこの報告を印刷して各地の党委員会や工作隊員に配布するよう極力主張し、〔劉〕少奇同志も報告の内容に同意して、彼自らが党中央と毛主席に手紙を書いてこの経験の総括を報告し、また中央に代わってこの報告を転送する書面指示を起草した。八月二七日、毛主席は「この文書はまず印刷して会に来た各同志に配布し少し討論して、皆が同意したらまた全国に配布せよ。私は陳伯達と〔劉〕少奇同志の意見に同意する」、と書面指示をした。〈788-789〉

おそらく、アメリカやソ連に対する危機意識を背景に、中央にまで根源があり権力の三分の一は失われているというほど、国内の修正主義の危険性を深刻に見た点では、両者は共通する、あるいは劉は毛の考えを実際に受容れていた、ということではなかろうか。ともあれ、

『後十条』修正草案やこれらの文書、「典型資料」の指導と影響の下で、一九六四年秋から展開された農村社会主義教育運動は、急転直下し、「左」の影響が一層はっきりし際立ってきた。〈789〉

第3節　中ソ関係改善の失敗と毛・劉の衝突

1　モスクワ会議

一九六四年一〇月半ば、中国にとって大きな出来事が相次いだ。一六日に中国は初めて核実験に成功したが、その前日、ソ連のフルシチョフが第一書記を解任されたのである。中国にとっては、トンキン湾事件によってアメリカの軍事的脅威を強く感じる中で、修正主義を体現していると考えた人物が打倒されたのであり、毛沢東を含めた指導部は当然のごとくソ連の新たな体制に強く期待した。「ソ連が変わるかもしれない」と感じたのである（朱 2001：160）。こうして一一月初めのロシア革命記念日に、周恩来を団長とする代表団をモスクワに派遣し、会談を行なうことになった。

しかし、歓迎の宴で酔ったソ連の国防大臣マリノフスキー*が、周恩来らに毛沢東の排除を求めたことによって、和解ムードは壊れてしまう（マリノフスキー事件）。この事件について、朱建栄は「その時点でソ連首脳部全体が中国指導部の内部分裂を画策・扇動しようとしていたとは考えにくい」、としている（朱 2001：164）。また下斗米伸夫によれば、中ソ対立を招いたことがフルシチョフ失脚の一因とされ（下斗米 2004：114）、新政権は「フルシチョフが毀損した対中改善に動くことでは意見は一致していた」、という（同：128）。したがって事件そのものは個人的な偶発性が強いが、それが重大事件に発展した要因の一つとして、朱建栄が「扇動の言葉を聞いた周恩来と賀龍**の二人は『ソ連と密通している』という濡れ衣を着せられないためにも、激しい抗議をせざるをえなかった」ことを挙げているのは（朱、同上）、炯眼であろう。下手をすれば、新たな高崗・彭徳懐にされかねなかった。

*ロディオン・マリノフスキー（一八九八―一九六七年）。ソ連の軍人で元帥。対日作戦も指揮した。
**一八九六―一九六九年。軍人で元帥。国務院副総理や国防委員会副主席などを努めた。文化大革命で失脚。

その後の会談で、報告を聞いて興奮した毛沢東の指示に基づいて、周恩来はフルシチョフの非スターリン化路線の見直しを迫り、その象徴である共産党綱領を破棄することまで強硬に求めた。ソ連の新首脳部はこれを「無条件降伏」の要求と捉え、会談は決裂して和解のチャンスは失われたのである（朱 2001：165–66、下斗米 2004：129）。期待が大きかっただけに、反動も強かった。

2　毛・劉の衝突

モスクワ会談の決裂は、後継のブレジネフ*体制を「フルシチョフなきフルシチョフ主義」だとして、ソ連に対する不信感を決定的にしただけでなく、対ソ意識が対内意識と強く連動する意識構造の下では、国内への危機感も決定的に強めることになる。薄一波は次のように証言している。

一九六四年一二月一二日、毛主席は私が送った陳正人同志の洛陽トラクター工場での住込み活動報告に対する書面指示で、すでに「官僚主義者階級」が形成されており、この階級は「労働者の血を吸うブルジョア分子にすでに変身したかまさに変身しつつあり」、「闘争の対象、革命の対象」だ、と認識していた。〈792〉

だから社会主義教育運動は絶対に「これらの資本主義の道を歩む指導者」に依拠してはならない、と指示したのである。

＊レオニード・イリイチ・ブレジネフ（一九〇六―一九八二年）。ソ連の政治家。フルシチョフ失脚後に最高指導者になる。

同じ日、毛沢東は別の書面指示の中で、「我々の多くの官僚ブルジョアジーの悪幹部」という表現をしている（叢1996：607）。これらの「官僚主義者階級」、「資本主義の道を歩む指導者」、「官僚ブルジョアジー」という表現は、国内の状況をソ連やユーゴと同じように見始めたことを示している。

また、「毛沢東は、マリノフスキー事件およびモスクワ会談前後に西側記者が伝えた『毛沢東降ろし』の観測によって、ソ連指導部が米帝国主義と同じ敵対勢力に成り下がり、また、中国内部の勢力と手を結んで自分の失脚をたくらんでいることを確信させた」（朱2001：173）。疑惑の眼は、党の中央指導部にも向けられるようになる。

こうした中で、一二月、農村社会主義運動のための新たな文書を制定することを主要任務とした、中央政治局工作会議が開催された。まさしく「この時に、毛主席と〔劉〕少奇同志の間に深刻な不一致が発生した」のである。「不一致は主要には二つの問題に現れており、一つは当時の主要矛盾と社会主義教育運動の性格で、もう一つは運動のやり方だった」。前者については、毛沢東が社会主義と資本主義の矛盾だとするのに対して、劉少奇は「『四清』と『四不清』の矛盾が主要矛盾であり、運動の性格は人民内部の矛盾が敵・味方の矛盾といっしょくたに混じっているのだ」、と主張した。後者については、薄一波は次のように証言している。

社会主義教育運動のやり方については、……〔劉〕少奇同志は、密かに根を張って連絡を取り合い、大兵団作戦を実行し、幹部については初めは依拠できないこと等々を強調し、その結果一連の「左」のやり方を導いた。〔劉〕少奇同志のこれらの主張に対して、毛主席は会議で最初から異なる意見を表明した。一二月二〇日の中央の政治局拡大会議で、毛主席は「現在はまだ反右で」、「冷水を浴びせてはならない」と語りはしたが、また「打撃面が広すぎるほどやってはならず」、〔汚職相当額が〕「数十元、百元、百数十元の大多数の四不清幹部をまず解放」しなければならない、ということを強調した。彼は、「私がこの問題を提起するのは、若干『右』だ。私はつまりはやりすぎるのを恐れているのであって、そんなにも多い地主・富農・国民党・反革命・平和的変質をやっつけ、十数〜二〇%を区分して、二〇%だとしたら七億の人口では一億四千万で、それなら『左』の潮流が発生しそうだろう。その結果は敵を多く作りすぎ、最後には人民に不利だ」、と言った。〈793-794〉

注目すべきは、毛沢東が劉少奇より自分が「右」だと認めていることである。[*]つまり、主要矛盾と運動の性格では毛沢東の方が厳しい見方であるが、現地での実際の運動のやり方では、劉少奇の方がむしろ過激だったとも言えよう。ただ、劉少奇は先述のように、問題の根源を中央にまで求めることは主張しているが、それは現地の「四清・四不清」という具体的な問題から追及していくものだった。他方、毛沢東は問題の根源は党の上層部にあるとし、「地主・富農・反革命・悪質分子の奴らはすでに一度やっつけてやったから、下層をかまう必要はなく、つまりは大衆を立ち上がらせて我々のこの党をこらしめなければならず、先に山犬や狼［党内の実権派］をやり、後に狐狸［地主ら］をやる」のが正しいのだ、と主張した〈792-793〉。運動の方向にも、「下から上へ」（劉）か「上から下へ」（毛）という違いがあったのである。

＊後の「左」がもてはやされた文化大革命では、劉少奇の方針は「形は『左』だが、実際は右」だと非難された。「右」「左」というレッテルの恣意性を象徴する事実である。

問題は、毛沢東が言う「党の上層部」、「党内の実権派」が、この時点ではどのレベルだったかである。朱建栄は「『三自一包』『三和一少』だと批判された党中央と国務院の部長（大臣級）ないし副首相クラスを指していた」（朱 2001：177）と考えている。これまで記してきた流れから、私もこの見解を支持したい。しかしこの時には、劉少奇は毛沢東の批判に対して断固反論した。この運動に対する劉の「主体性」が窺えるが、それが毛沢東に、彼こそ最大の根源であると感じさせるようになったのである。

結局、この時に作られた農村社会主義運動のための新たな文書（『一七条』と略称）は、毛沢東に従い、運動の性格に関して劉少奇の意見も併記したうえで、社会主義と資本主義の矛盾という「提起の仕方が比較的適切で、問題の性格を概括しており」、「重点は資本主義の道（汚職・窃盗、投機・買占めを含む）を歩むあの実権派をやっつけることだ」、とした〈793〉。しかし毛はこの『一七条』にも不満で、大きく修正して翌年一月に、『農村社会主義教育運動で当面提起するいくつかの問題』（略称『二三条』）として発布された。そこでは「四清・四不清なるものは……マルクス・レーニン主義的ではない」と、露骨に劉少奇の考え方を批判している〈795〉。

薄一波は、この時に「『文化大革命』を発動する種が蒔かれた」、としている。

毛主席は一九六六年八月五日に八期一一中全会で書いたあの『司令部を砲撃せよ――私の大字報』の中で、「一九六四年の形は『左』で実は右の誤った傾向」を、〔劉〕少奇同志の罪状の一つにした。一〇月二五日、毛主席は中央工作会議でまた回想して、『二三条』を制定した時に、彼の「警戒心」が引起こされたのだ、と語った。一九七〇年一二月一八日、スノー*が毛主席に、必ず劉少奇を政治的にやっつけてしまわねばならないと、いつからはっきり感じるようになったのかと尋ねた時、毛主席はまた『二三条』を制定した時だ、と答えている。〈796〉

＊エドガー・スノー（一九〇五―一九七二年）。アメリカのジャーナリスト。日中戦争直前に毛沢東ら共産党要人と会見し、欧米に紹介した『中国の赤い星』で有名。この本の成立過程とそれが及ぼした影響について

は、石川 2016 参照。

アメリカの「平和的変質」によって、修正主義が劉少奇まで捉えるようになったのなら、その裾野は広く、もはや体制全体の問題になっており、個々の指導者の更迭どころか「反党集団の摘発」や党機構に依拠した整風運動でも解決できず、周到に準備した上での、大衆に依拠した各地域・各部門での根底的な革命が必要になるであろう。

3　文化大革命へ

このように、毛沢東に文化大革命の発動を決意させる状況は、直接にはこの一九六四年末から翌年初めにかけて形成されたが、ベトナム戦争の全面化が革命の即時発動を不可能にした。この頃から、南ベトナムでの戦争は南ベトナム政府軍と北ベトナム・解放戦線合同軍の双方が直接戦火を交える、地上戦の様相を呈するようになった。アメリカでは、議会の決議によって大統領ジョンソンはベトナムに本格的に軍事介入できる白紙委任状を得ており、一一月の大統領選圧勝は、その最後のハードルをも乗り越えさせたのである。翌六五年二月、アメリカは北ベトナムを再度爆撃し、三月からは北爆を恒常化させるとともに、海兵隊を南ベトナムに上陸させ、以後増強された米軍勢力は、六五年末には一八万人を越えるにいたった（高松 1998：177、白井 2006：

81）。

こうした事態は、中国にアメリカ軍の北ベトナム侵攻とそれによる米中衝突の可能性を考慮させ、中ソ対立の拡大を抑制して中ソ同盟を対米牽制の「カカシ」（朱建栄の表現）として使わざるをえなくさせた。ただし米中双方とも、相手の動きを読み違えて大衝突に至った、朝鮮戦争の再現は是非とも避けねばならない。「米側はベトナム戦争を『局地戦争』に限定し、『南打北炸』〔北は爆撃だけで地上戦は南に限定する〕の軍事戦略を決めた。一方の中国は北ベトナムにのみ支援部隊を送り、米地上軍との直接交戦をしない方針を実施した」（朱 2001：560）。

こうした中で、翌六五年五月中旬以降、中国は米中戦争の当面の可能性はなくなったと判断するようになった。しかし、それはけっして将来の戦争の可能性まで否定するものではなく、だからこそその前に修正主義を一掃して、国内を固めておく必要があると考えられた。こうして、「六五年秋以降、今度は、毛沢東はベトナム戦争や中ソ対立といった外部条件を利用して国内の政治的緊張を作り、劉少奇らへの政治・権力闘争を正式に開始し」、「ついに六六年夏以降、軍の支持を背景に、大衆動員による『党内のブルジョア司令部』を打倒する」文化大革命に突入していく（朱 2001：563）。

第七章　文化大革命

第1節　文化大革命の過程

ここでは文化大革命の過程を、先行研究に基づいて三つの段階に分け、概略を示すに留める。

1　前　期

文化大革命は、社会主義に背く修正主義の政策を進めていると考える「実権派」に対して、毛沢東が「権力奪回」をはかって発動したものだった。文化の名が冠せられているのは、毛が社会主義改造以後の階級闘争は文化や思想の面であると考え、ブルジョア的だと考えた思想・文化に対する闘争として開始されたからである。そして、姚文元*が呉晗**を彭徳懐の名誉回復を謀ったものだと批判した、「新編歴史劇『海瑞罷官』を評す」の発表（一九六五年一一月）が、明確に問題を思想・文化から政治へと発展させた。こうした流れの中で、翌六六年五月、政治の上で文化大革命を推進する中心機関として、康生***・陳伯達・江青****・張春橋*****らを中心メンバーとする、中央文化革命小組が成立した。これが文化大革命の本格的な幕開けとなる。

＊一九三一―二〇〇五年。文化大革命以前はジャーナリストで、上海作家協会理事。「四人組」の一人。

＊＊一九〇九―一九六九年。明代史を中心とする歴史家。当時は北京市副市長。歴史劇『海瑞罷官』の著者。

＊＊＊一八九八―一九七五年。政治家でイデオロギー工作を担当し、『毛沢東選集』第四巻の編集や小説『劉志丹』の批判、ソ連を批判した『九評』の起草などをした。

＊＊＊＊一九三〇年代に女優として活躍し、毛沢東と結婚した。「四人組」の筆頭で、裁判後の服役中に自殺した。

＊＊＊＊＊一九一八―二〇〇五年。政治家で、党宣伝部長などを務めた。

毛沢東は、劉少奇ら修正主義「実権派」の批判・打倒を目指したが、前章までの記述からも明らかなとおり、劉少奇らは必ずしも意識的・組織的に毛の指示に背いた訳ではない。彼らは中国経済の厳しい状況になんとか現実的に対処しようとしただけであり、またそのような派閥があった訳でもない。文化大革命の敵と味方の区分は、本来不明瞭というよりも恣意的なものであった。

しかし毛にとっての修正主義とは、危機の最中にあって戦時態勢（毛らの観念ではそれが社会主義）を崩しかねない「自由化」を進めるものであり、経済政策としては大躍進がもたらした深刻な危機を打開しようと、より現実的な政策を実施しようとするものであるから、拡大すれば調整政策を実施する党組織全体さえ含みうる。だからこれまでの正規の組織に依拠することはできない。毛は彭徳懐に替って国防部長になった林彪*に頼るともに、政治からは遠ざけていた妻の江青とその側近を表舞台に引上げた。同時に、彼が眼をつけたのが、感受性は強いが現実の生活感覚はより弱い、大学生以下の青少年であった。彼らも生活水準や就職・進学、その際の差別の問題などに直面しており、屈折した形で社会主義の理念と現実の大きなギャップに困惑していた。困惑は「社会主義の敵を発見する」ことによって、解消された。理念は社会主義の「内なる敵」が実現を阻んでいたのである。こうして党よりも、社会主義の理念を体現していると考えられた毛沢東個人に忠誠を誓う集団として、紅衛兵が出現した。

＊一九〇七―一九七一年。軍人で元帥。国務院副総理・国防会議副主席などを務め、彭徳懐失脚後に国防部長になる。文化大革命では先頭に立ち、毛沢東の後継者に指名されるが、毛の暗殺に失敗しソ連に亡命しようとして、墜落死したとされる。

紅衛兵たちは各地で暴れまわり、身の回りに多くの「実権派」を発見し、吊るし上げて打倒し、党の機構を破壊し、文化財などを破壊していった。こうして劉少奇や鄧小平を含む「実権派」の打倒という毛の目的はきわめて容易に果たされたが、紅衛兵たちはなおも敵を求めて暴れ続け、内部でも様々な集団が互いに自らの側が毛に忠実であり革命的だとして、「正統性」を武器を持って争うようになった。みんなが毛に忠実であると標榜して起こるこの大混乱を、毛自身ももはや統制できなかったが、収拾しなければアメリカや文革によって関係が急激に悪化したソ連につけ込まれる危険がある。この時、紅衛兵たちを力で抑えて当面の秩序を回復していくのに、毛が頼ったのが、林彪配下の軍である。崩壊した党の機構に代わって、軍が全土を抑え、実質的に軍事管制の体制になった。こうして台頭した林彪は、共産党の九全大会（一九六九年四月）で、毛の後継者に指名されるに至る。

2 中期

文化大革命の発動は、毛が「反ソ」を最終的に選択したことと表裏をなしていた。劉少奇らに浴びせられた修正主義批判とは、ソ連批判でもあったのであり、不可避的にソ連との対立の激化を導くことになる。そのソ連が、「自由な共産主義」を目指したチェコスロバキアを、ワルシャワ条約機構軍を動員して抑えつけ、「プラハの春」を踏みにじった（一九六八年八月）。チェコの動き自体は、毛にとっては修正主義同士の仲間割れでしかなかったが、「社会主義共同体を守るためには、一国の主権は制限できる」とする立場（ブレジネフ・ドクトリン）に、強い恐怖を感じざるをえなかった。この論理が中国にも向けられる可能性を感じたからである。以後中国は、ソ連はもはや社会帝国主義、社会ファシズムにまで堕落したと、ソ連非難の音量を上げていく。こうした中で、長い国境線の東西で武力衝突が何度か発生し（一九六九年三～八月）、相互の疑心暗鬼から、ついには核戦争も起こりうるという状態になってしまった。中国の大都市では、多くの市民を動員して大規模な地下壕が掘られ、核シェルターが作られていった。

厳しい情勢の中で、国内政治では、大きく分けて三つの勢力が抗争していた。その一つは、毛の後継者に指名された林彪を中心とする集団である。この派は、軍の一部（第四野戦軍系や空軍）も掌握していた。これに対抗したのが、文化大革命で台頭した新たな勢力であり、後に「四人組」（江青、張春橋、姚文元、王洪文）*と呼ばれた集団である。彼らは現実感覚に乏しく、実務能力も欠如していたが、なによりの強みは、毛の権威を後ろ盾にしていることであった。彼らは林彪グループの台頭に、強い危機感を抱いていた。もう一つは、周恩来らの実務官僚グループである。彼らは、表舞台での権力闘争は回避しつつ、秩序や経済の回復を目指したが、そのためには軍事管制の体制から脱却せねばならず、林彪の利害と対立せざるをえなかった。また現実的な彼らがなによりも危惧したのは、アメリカとの対立をそのままにして、ソ連とも核でにらみ合う、二正面作戦を強いられることであった。こうして彼らは、毛の承認のもとに、アメリカとの妥協を模索していく。

＊一九三五―一九九二年。上海の労働者出身で、文化大革命で活躍して台頭し、党副主席になった。

文化大革命が反ソの選択と表裏である以上、毛沢東は反ソを下ろすことはできない。しかし、超大国との二正面作戦はあまりにも危険であり、現実的な防衛戦略などたてようもなかった。その一方のソ連と一触即発の状態になってしまった結果、ソ連を主要な敵とし、敵の敵は味方であるという論理で、毛はアメリカへの接近をはかっていったのである。

国内の権力闘争では、毛は軍の一部を握る林彪に対する警戒を強めていった。すでに「実権派」を打倒し、ある程度秩序も回復した以上は、党も再建されねばならず、党が軍を指導せねばならなかった。これは周恩来らの実務官僚グループを支持することになり、林彪らにとっては、地位の低下を意味した。アメリカへの接近という外交の転換に対しても、林彪の考えはよくわからないが、反対であったと言われている。

こうして、国内では秩序や経済の回復が目指され、国際的にはアメリカへの接近という外交の大転換がはかられる中で、林彪派は孤立していき、林彪事件（クーデターを謀って失敗した林彪が、亡命するために乗った飛行機が墜落して死亡した、とされる事件。一九七一年九月）となるのである。

3 後期

アメリカもまた、ベトナム戦争の泥沼の中で喘いでいた。大量の地上軍を投入しても、ベトナム側の抵抗は激しくなる一方で、多くの死傷者を出し、ドルは垂れ流され、さしものアメリカ経済もうめき声を上げていた。ジョンソン大統領は、軍事的勝利を諦め、政治的解決を考えるようになった。その後大統領に就任したニクソン*は、南ベトナム軍を増強しつつアメリカ軍を撤退させ、「戦争のベトナム化」をはかった。

*リチャード・ニクソン（一九一三―一九九四年）。共和党員で第三七代大統領。ウォーターゲート事件（一九七四年）により辞任。

アメリカはベトナムを諦めたわけではなかった。ベトナムの強い抵抗力の背後には、国際的支援もある。中ソは激しく対立していたが、それぞれの立場でベトナムを支援していた。また、朝鮮戦争以来の中国封じ込め政策は、一九七一年一〇月、中国が国連の議席を回復したことに象徴されるように、すでに破綻していた。この状況の下で、アメリカは逆に中国を取り込むことによって、ソ連を孤立させるとともに、ベトナムを支援する国際的な連帯を分断し、ベトナム人の闘争心を萎えさせようとしたのである。

こうして反ソの一点で、米中は接近していく。一九七二年二月のニクソン訪中は、それを全世界に誇示するものであった。その後も、両国間には台湾問題が残り、国交の樹立は七九年一月まで実現しないが、ともあれ、中国は建国以来の脅威を、曲がりなりにも大きく緩和したのである。ソ連とのにらみ合いは以後も続き、中国は反ソを外交の基軸としたが、核戦争寸前にまで至った恐怖感が双方を捉え、この後の行動を自重させた。

こうした対外緊張の緩和を背景に、国内では、周恩来ら実務官僚が鄧小平を復活させ、秩序を回復し経済を復興させる政策を採ろうとした。これに対抗して、「正統」毛沢東路線を標榜する「四人組」は、文化大革命や階級闘争の継続を主張する。彼らは、林彪を批判する形をとりながら、周恩来を孔子になぞらえ林彪と抱き合わせて批判する、「批林批孔」などという荒唐無稽な運動を展開したりして、周らの政策を妨害した。

「四人組」の背後にはもちろん毛沢東がいる。アメリカとの緊張緩和は果たしたが、彼は戦争は不可避であるという考えを死ぬまで捨てられず、だから戦時態勢の維持も階級闘争も続けねばならなかった。しかし、「四人組」の現実感覚や実務能力の欠如は眼を覆いたくなるほどで、経済の運営などは周恩来らに頼らざるをえない。衰えゆく毛沢東は、周らと「四人組」の権力闘争の上に立って、なんとかバランスをとろうとしたのである。

中国もその渦中にある東アジアの緊張は、さらに緩もうとしていた。ニクソンの策略にも関わらず、ベトナム人の戦意は挫けず、アメリカは軍を撤退させるパリ和平協定に調印せざるをえなかった（一九七三年一月）。米軍が撤退すると、南ベトナム軍はもはや支えきれず、結局、北ベトナム軍がサイゴン（現在のホーチミン市）を陥落させ、ベトナム戦争は終結した（一九七五年四月）。同じ四月、台湾にあって大陸反攻を叫び続けた国民党の蔣介石*も亡くなった。

*一八八七―一九七五年。孫文死後の国民党の最高指導者。共産党との内戦に敗北して、台湾に逃れる。

ベトナム戦争の終結によって、東アジアにおける冷戦体制には大きな風穴があけられた。そのなかで、冷戦の一方の立役者であった毛沢東そして周恩来は、日々衰えていった。これが一月の周恩来の死から始まる、一九七六年の中国の激動を招いたのである。華国鋒*の首相代行就任（二月）、第一次天安門事件**と鄧小平の再失脚（四月）、朱徳***の死と政治の激変を暗示したかのような唐山大地震（七月）を経て、九月九日、毛沢東が死去した。毛の死は、彼の存在を唯一の後ろ盾とする「四人組」の失脚（一〇月）、そして文化大革命の終焉を意味した。

*一九二一―二〇〇八年。湖南省党委員会書記などを歴任し、毛沢東に評価される。周恩来の死後に国務院総理になり、四人組事件後に党主席・中央軍事委員会主席に就任して最高指導者の地位に就いたが、文化大革命からの離脱に消極的で、鄧小平らとの政争に敗れて一九七八年の一一期三中全会以後は実質的な影響力を

失った。

＊＊周恩来の死を悼んで、四月五日の清明節に民衆が天安門前広場に捧げた花束を、当局が撤去したことで起こった衝突事件。「四人組」らは鄧小平が事件の背後にいるとして、彼を再失脚させた。

＊＊＊一八八六―一九七六年。軍人・政治家で、一九二〇年代後半の井崗山時期に毛沢東と合流し、紅軍を創設した。日中戦争期には八路軍総司令、内戦期には人民解放軍総司令。中華人民共和国成立後は国家副主席・国防委員会副主席などを務めた。

第2節　路線対立は存在したか？

これまでの記述を前提に、以下では文化大革命に関わる若干の問題について、筆者の考えを示したい。

1　毛沢東の絶対的な権威

まず、当時の中国の中で、路線対立が実際にあったのか、という問題である。

文化大革命の当時は、これは帝国主義に屈して社会主義を裏切った修正主義政策を推進する「実権派」に対して、毛沢東が発動した権力奪回の闘争だとされていた。冷戦が解体して以後は、そのような政治に直結した評価はなくなった。ただし、文化大革命で毛沢東が劉少奇・鄧小平らを「実権派」として打倒したことから、そこに至る過程も急進派と穏健派、*あるいはイデオロギー（階級闘争重視）と経済調整（経済重視）**の路線対立などという図式で描かれ、大躍進の失敗によって毛沢東が孤立した、あるいは威信が低下した、はなはだしくは実権を失ったなどと説明されてきた。

＊最近では久保 2011 など。

＊＊最近では田中他 2012 など。

本書でもみられるように、各時期に急進的な動きと相対的に穏健な動きがあり、全体としては毛沢東が急進的だったことは確かである。しかし、序章でも記したとおり、それが必ずしも二つの対立する流れが人脈的に一貫して存在していたことを示すわけではない。一貫して存在していたのなら、なぜ「実権派」とされた劉少奇・鄧小平ら多くの人びとが、ほとんどなすすべもなくあっけなく打倒されたのか？周恩来がなぜ打倒されなかったのか？毛沢東に対抗する「実権派」という強固な派閥が実態としては存在しなかったことは、今日明らかではなかろうか？

当時の権力構造は毛沢東の下に一元化されており、路線闘争が存在する余地はほとんどなかったはずである。ただ個人の能力には限界があり、多忙を極めた毛沢東は一九五〇年代後半には重要事項（特に国防・外交）に専念し、自分の考えを忠実に実行してくれるという大前提の下で、日常的なことは劉少奇・周恩来・鄧小平らの実務責任者に委ねた。大躍進によって毛の威信が低下した証拠としてしばしば言及される、一九五九年に国家主席を劉少奇に譲ったことも、実はこれに関連しており、*けっして大躍進運動の失敗の責任をとったのではない。彼の自己批判なるものが、全く形式的でしかなかったことは、見たとおりである。

*毛沢東は一九五六年夏にすでに、次期は国家主席にはならないと語っている。そして翌年、この件に関する陳叔通（一八七六―一九六六年。全人代常務委員会副委員長・政治協商会議全国委員会副主席・全国工商連合会主任委員などを務める）・黄炎培連名の劉少奇・周恩来宛の手紙に対して、毛はコメントの中で、「今は雑事が多過ぎて、問題を検討するのを極端に妨げている」、と記している。（叢 1996：171-172）

したがって、先述の意識構造もかなりの程度共有されていたはずである。中ソ論争において鄧小平が重要な役割を果たし、社会主義教育運動において毛の認識とはずれがあるとはいえ、劉少奇や王光美がある面でむしろ毛以上に厳しかったことも事実であろう。ただ、最高指導者にとって最大の関心は国家の安全保障の問題だから、国際問題と連関した危機意識は毛沢東に突出することになり、ここから国際情勢に極度に敏感な最高指導者と、危機の中でともすれば経済合理性に傾きがちな実務官僚とのズレも生まれるのである。そして最後には、毛沢東の一言ですべては決着し、関係者は自己批判する。こうしたことを象徴するのが、先述した調整政策からトンキン湾事件を機に国防三線建設へ転換する過程である。調整政策もけっして誤った政策だとして放棄された訳ではない。

2　軍内の路線の対立？

もう一例、軍内の路線の対立を示すものとされてきた、有名な2つの論文がある。総参謀長の羅瑞卿の名で一九六五年五月に発表された「ドイツ・ファシストに対する勝利を記念し、アメリカ帝国主義と最後まで闘いぬこう」と、同年九月に国防相の林彪の名で発表された「人民戦争の勝利万歳」である。アメリカに対して、前者はナチス・ドイツと闘ったソ連とも共闘しようとするものであるのに対して、後者は抗日戦争における中国共産党の経験（人民戦争）に依拠すれば、中国単独でアメリカと戦っても勝利できるというものであり、それを軍内部の路線対立の現れだと見たのである。しかし、この2つの論文の作成過程については、朱建栄が次のことを明らかにしている（朱 2001：471–486）。実は両論文ともに羅・林個人が執筆したのではなく、総参謀部内の「総参写作組」によるものであり、羅は両論文の作成に中心的な役割を果したが、林は自分の名で発表された論文でさえ事前に読んでいなかった。両論文の内容には毛沢東・劉少奇・鄧小平ら、党中央最高指導部の主要メンバーが関与していた。つまり「林彪・羅瑞卿論争」は実在せず、両論文の内容の違いは、この間に中国首脳部のベトナム戦争に関する判断や対策が変化したことを示すものである。朱建栄によれば、「米中衝突は当面回避できるとの見通しが示され、一方、ソ連を米国と並んで仮想敵と見なす『二正面戦略』が正式に打ち出された」ことと関わっている、というのである（同：481）。私は「二正面戦略」という捉え方には大いに疑問があるが、朱の研究によって、もはや軍内に派閥対立はあっても、路線対立は想定できなくなったことは確かであろう。

3　毛の危機意識の構造と「実権派」

そもそも「造反派」と「実権派」という二つの陣営というのは、毛沢東の認識でしかなかった。見てきたように、毛自身の考えもけっして一貫しているわけではなく、情況の推移にともなって何度か大きく変わっている。また彼の話し方は論理的というよりは感覚的な表現が多く、真の意図はなかなか理解しにくい。スパイではなく、毛の真の意図を探るために、毛がいる所に盗聴器が仕掛けられたことがあるという、笑話のような話さえ伝えられている。その結果、毛の変化についていこうとしたができなかった人々、あるいは毛が戦略的意図から排除した人々、場合によっては単に気に食わない人々などを、マリノフスキー事件を直接の契機として極端に肥大化した危機感から、毛が自分に敵対する陣営として一括したのである。そのように「敵」を大きく設定するからこそ、「北京は針一本通すことはできない」と感じるし、実質的に共産党そのものを大きく壊す動きに出たのである。そこには個人的資質の問題がないわけではないが、やはり冷戦下の軍事的に弱い側で形成された深刻な危機意識の構造の中で、最高指導者が陥っていった心理として、理解すべきではなかろうか。

廬山会議などを契機に形成された、アメリカの平和的変質政策⇓ソ連の修正主義化⇓中国の修正主義化という危機意識の連関の構図が、一九六〇年代にアメリカがベトナムに軍事的介入を強めるに従って、ソ連との対立をさらに深めるとともに、国内への危機感と劉少奇ら実務責任者への疑惑をも深めさせ、文化大革命に突入していったのである。

第3節　なぜ全国的な大動乱になったのか

1 「社会主義的統合」

では、毛沢東が発動した文革が、なぜ毛の意図さえ越えて、全国的な大動乱を引き起こしてしまったのか？これまでも、その背景として、社会主義体制あるいは調整政策下の様々な矛盾が、民衆の間に「反発」・「憎悪」・「フラストレーション」を引き起こしていたことが指摘されている。確かに、様々な「差別的構造」が存在し、その「フラストレーション」が少なくとも紅衛兵運動の一部の基底にあったことは、加々美 1980・山本恒人 1985 などの先駆的な研究が明らかにしている。

ただし問題は、「反発」・「憎悪」・「フラストレーション」と、それを背景にした民衆の言わば「主体的な」運動参加だけで問題を説明してよいのか、ということである。紅衛兵がみな毛沢東への忠誠を競いあって激しい暴力にまで至る一方で、毛批判は組織的にはほとんど現れず、また混乱の規模のわりに比較的あっけなく収束するのは、それらが市民社会におけるような大衆の支持に基づく動きではないことを示している。人々の不満とそれを背景とした特定人物ないし集団を支持した民衆の運動への参加という、通常の政治的図式では説明できない、いわば主体性と動員が分離しにくい、社会主義体制特有の社会構造を重視すべきではなかろうか？

私はそのような社会構造を、非常に固い表現だが、「社会主義的統合」と呼んでいる。土地改革・集団化を経て、人民公社によって農民はほぼ完全に組織・掌握され、公社の社員としての生産を含めた、全社会生活をその中で営まざるを得なくなった。同様に都市において、揺かごから墓場まで、人びとを組織しその生活を支配したのが、単位である。こうした中で、社会主義の理念とは全く反する、様々な実質的な「身分」が作られた。まず、都市との分断によって、実質的な「農民身分」が作られた。都市戸籍に登録されなければ、都市では生活必需物資さえ入手が困難になり、農村から都市への移住が強く制約されたからである。また個人檔案（文書）に記載された「階級」は、進学・就職や昇進あるいは婚姻などに大きな差別をもたらし（楊 2003 など）、実質的には身分に近いものになった。

清朝期や民国期には、中国は固定的ではない流動性に富む社会であった。身分制はなく、職業は固定されておらず、毛沢東期のような土地緊縛もない。だから地理的流動も、あるいは政治・経済・社会のいずれの面からの階層的流動もありえた。しかし、社会主義体制の下で経済は国営・公営化して、経済的な流動の道は閉ざされ、「身分制」の下で社会的な流動の道も閉ざされるか、きわめて狭隘なものになった。

2　「日常の政治化」

こうした中で、政治だけがほぼ唯一の、きわめていびつな流動への道になる。そして、「蔣介石の独裁は、人びとから政治をする自由を奪った。毛沢東の独裁は、人びとから政治をしない自由を奪った」という、誰か（忘れてしまったのは申し訳ないが）の巧みな表現のように、共産党の下では人びとは日常的な政治運動に参加せざるをえなかった（「日常の政治化」）。その意味では動員による運動であるが、人びとがある意味で「主体的」に参加したことにも注意せねばならない。人びとは建国以来繰り返される諸運動の過程で、次第に世俗化した「社会主義」イデオロギーを価値基準として内面化し、「独自の自己検閲」に基づく行為様式をとるようになっていったからである（金野 2008）。

本来、一人一人の階級区分は、経済に基づいて厳密かつ客観的にできるというものではなく、中国共産党の場合も多分に政治的な要素、単純化すれば敵か味方かという判断が含まれていた。つまり、政治的にどういう振舞いをするかは、実際には階級の認定基準の重要な一つであり、上の幹部に積極分子と認定されれば良い階級に上昇しうるし、逆に消極的だと判断されれば転落し、はなはだしくは敵の階級にされる恐れが常にあった。階級が固定されずに当局の恣意によって流動するために、人々は常に政治的な「アピール競争」をしていかざるをえず、それが運動を急進化させる（金野2008）とともに、自分の親を、親友を、隣人を「内なる敵」として告発する悲劇も生み出し、社会に深刻な分断をもたらしたのである。マルクス主義的な用語で表現すれば、「社会主義的統合」とは、こうした分断と統合という矛盾の弁証法的統一体だったと言えよう。

また、「日常の政治化」という構造の下では、上から下まで、幹部たちも常に不安定な存在でしかなかった。それが、人々を究極のトップである毛沢東に向かわせるのである。したがって、紅衛兵たちも常に「上」の風向きをみていたが、毛沢東への忠誠を競い合う集団同士による凄惨な暴力は、「上」もコントロールすることはできず、最後には軍の力を借りざるをえなくなった。

要するに、日本の全面的な侵略を契機として形成され始め、冷戦下の社会主義体制で確立した権力の一元化と序列化、身分社会化、そして「日常の政治化」という構造が、毛沢東が発動した文化大革命を全国的な大動乱に発展させ、中国社会に大きな傷をもたらし、人びとを転換への模索に向かわせることになったのである。

終章

第1節　東アジアの緊張の緩和と社会主義体制の解体

1　文化大革命の見直し

ベトナム戦争終結後、七〇年代後半以降の中国をめぐる情勢の推移は、一言で言えば東アジアにおける冷戦体制の解体過程であった。中華人民共和国の成立過程と並行して形成され、朝鮮戦争によって確立した東アジアの冷戦はなお後を引き、特に朝鮮半島に緊張を残しながらも、基本的には解体していった。中国にとって、ソ連との対立はなお続いていたが、互いの核攻撃に怯える事態にまでなってしまった経験から、戦争勃発の危険は双方が回避した。「戦争不可避論」から逃れることができなかった最高指導者、毛沢東も亡くなった。いまや総力戦態勢としての社会主義体制もまた、解体すべき時期を迎えていた。それはまず党権力内部の調整と、歴史の見直しから始まる。

「四人組」逮捕の後、一年も経たずに鄧小平が再度復活し（一九七七年七月）、華国鋒から次第に実権を奪っていった。翌七八年一二月には、後に述べる一一期三中全会で「四つの現代化」（農業・工業・国防・科学技術の現代化）を打ち出し、改革開放政策が開始されたが、党権力内部においても国民に対しても、文化大革命を清算することなしに、先に進むことはできない。まず個別の人物や事件の見直しがされていき、ついには「最大の実権派」とされた劉少奇さえも、名誉が回復された（八〇年二月）。これは事実上文化大革命そのものが否定されたに等しく、それをテレビを通して国民に見える形で明確に示したのが、「林彪・四人組」裁判である（八〇年一一月開始、八一年一月判決）。そして八一年六月には、共産党は「建国以来の党の若干の歴史問題に関する決議」を発表して、文化大革命を毛沢東に責任がある「十年の動乱」として、公式に否定した。ただしこの「決議」では、毛沢東の全体としての評価を、「功績第一、誤り第二」としている。最高指導者であった毛の誤りを大きく評価することは、共産党が統治する正当性自体を否定することになるからである。しかし実際には、毛沢東に集約された政治の一元化や「社会主義的統合」などを含めて、文化大革命は中国の社会主義体制の矛盾が爆発したものであり、その意味では、毛一人に責任を負わせて済む問題ではない。

2 緊張緩和の進展

改革開放政策が実施される大前提は、国際的緊張がさらに緩和していくことだった。この点では、一九七九年が一つの転機になった。まずその前年の一二月に台湾問題で一応の妥協が成立し、この年一月に米中の国交が樹立された。他方、ソ連との関係は改善の兆しはなく、双方とも直接の戦争は回避する中で、中国から見れば代理戦争に当たるのが中越戦争である。米中関係改善以後中国との関係がぎくしゃくしてきたベトナムは、ソ連への依存を強めながら、南北統一後、中国が後押ししたカンボジアのポルポト政権と対立し、軍事侵攻をして、親ベトナム政権を樹立させた。これを中国は「覇権主義」ソ連の手下であるベトナムの「小覇権主義」だと見て、「懲罰を与える」と称してベトナムの辺境部に侵攻したのである。しかしこの中国の限定戦争は、ベトナム戦争で鍛えられたベトナム側の強い抵抗にあい、逆に中国軍の後進性を露呈した。通常戦力を現代化する必要を痛感した中国は、国防においても人民戦争戦略の見直しを進めることになる。

他方ソ連は、この年にアフガニスタンに侵攻し（一二月）、中国のさらなる非難を浴びた。しかしムスリム勢力の抵抗によって戦争は長期化し、ベトナム戦争時のアメリカ以上に疲弊させられたソ連は、戦略の転換を迫られることになった。

こうした中で、八〇年代に入って、関係改善の動きが出てくる。一九八二年三月、ブレジネフはタシュケントで演説し、中ソの関係改善を呼掛けた。中国はソ連側に「三大障害」(中ソ国境に配備された大量のソ連軍、ベトナムへの援助、アフガニスタンの占領)があるとして、これを拒否した。しかし、「三大障害」論はむしろ関係を改善する際の条件提示でもあり、以後、外交交渉が続けられることになった。そしてソ連で同年一一月から始まる相継ぐ老書記長(ブレジネフ、アンドロポフ*、チェルネンコ**)の病死による交代を経た後、ゴルバチョフ***政権が誕生し(一九八五年三月)、大きくデタント(国際的な緊張緩和)に踏み出すことによって、中国が挙げた「三大障害」も取除かれていった。

*ユーリ・アンドロポフ(一九一四―一九八四年)。ソ連の政治家。
**コンスタンティン・チェルネンコ(一九一一―一九八五年)。ソ連の政治家。
***ミハイル・ゴルバチョフ(一九三一年生)。ソ連最後の最高指導者。ペレストロイカやデタントによって、東西冷戦を終結させ、結果としてソ連や東欧の社会主義体制を解体に導く。

3　国際情勢認識と防衛戦略の転換

こうした中で、中国の国防情勢認識や国防戦略も大きく転換した。一九八五年六月、軍事委員会拡大会議での講話で、鄧小平は次のように語っている。

……「四人組」を粉砕して以後、とくに党の一一期三中全会以後、我々の国際情勢に対する判断は変わり、対外政策も変わったが、これは二つの重要な転換だ。

第一の転換は、戦争と平和の問題に対する認識だ。過去我々の見方はずっと戦争は避けられず、しかも差し迫っているというものだった。一・二・三線の建設配置［三線建設］や「山・散・洞」［「靠山（山のすぐ近く）・分散・進洞（洞穴に入れる。隠すということ）」の略。国防上の先端部分を三線で建設する際に、敵の攻撃を避けるため］の方針を含む、我々の非常に多くの政策決定は、いずれもこの見方をよりどころとしていた。……世界戦争の危険はまだ存在しているが、世界の平和勢力の増大は戦争勢力の増大を超えている。……比較的長い期間大規模な世界戦争が発生しないことは可能であり、世界の平和を守る希望はある。世界の大勢に対するこれらの分析、さらには我々の周囲の環境に対する分析に基づいて、我々は戦争の危険が非常に差し迫っているという以前の認識を改めた。

それまでの指導者たちを捉え続けてきた、戦争不可避論を放棄することを宣言したのである。続けて、次のように語っている。

第二の転換は、我々の対外政策だ。過去のある期間、ソ連の覇権主義の脅威に即応して、我々は「一本の線」という戦略をとった。つまり、日本からヨーロッパさらにアメリカまでの「一本の線」だ。現在我々がこの戦略を改めるのは、重大な転換だ。……米中関係改善以後とられてきた、ソ連包囲網を作る国際統一戦線政策も放棄した。そして次のように語った。

……我々は独立自主で正しい外交路線と対外政策を遂行し、覇権主義反対・世界平和擁護の旗を高く掲げ、確固として平和勢力の側に立ち、覇権をやる者には誰にでも反対し、戦争をするものには誰にでも反対する。だから、中国の発展は平和勢力の発展であり、戦争を制約する勢力の発展なのだ。現在、我々が平和勢力であり、戦争を制約する勢力であるというイメージを打ち立てるのは非常に重要であり、我々は実際においてもこの役割を担わなければならない。独立自主の対外政策に基づき、我々はアメリカとの関係を改善し、ソ連との関係も改善した。(『鄧文選』「在軍委拡大会議上的講話」: 126–128)

戦争と覇権に反対する平和勢力になる、と宣言したのである。

こうしたことは、当然防衛戦略の大転換も導き、臨戦・半臨戦状態から、平時の防備に移らねばならない。なによりも、それまでの人民戦争戦略を根底で支えていた、人民公社や単位制はすでに解体するかしつつあった。また経済発展のためには、まず沿岸部を重点的に開発せねばならず、ここを防衛できる態勢をとらねばならない。こうして八〇年代半ば頃から、基本的な防衛戦略は現代化した正規軍による前方防御に大きく転換したのである。それにともなって一〇〇万人にものぼる兵員が削減された。

4　改革開放政策と経済・社会の一元化の解体

さて、一一期三中全会から改革開放政策がスタートした。後にその一端をみるように、当初しばらくは模索が続き、必ずしも最初から明確に位置づけられていた訳ではないが、つまるところ、改革とは市場経済化・資本主義化であり、開放とは閉鎖的な「自力更生」路線を放棄して、国際市場へ開放し参入することである。

改革の重点は経済活動の自由化・多様化であり、社会主義の骨幹とされた国公有・国公営（実質的には党有・党営）と計画経済（実質的には究極の統制経済）を放棄することである。まず着手されたのが、農業の各戸請負制であった。これは人民公社の農地を分割して、農民に事実上の所有権を認めて（形式は公有として、耕作権を認める形をとったが、売買もできる）、基本的に損益を自己責任として経営を委ねたのであり、要するに農業を通常の小農家経営に戻したのである。自由市場も復活した。これによって農家の労働意欲が高まり、農業生産は増大し、副業も発展して、万元戸・億元村と呼ばれる豊かな農家や村が出現した。請負制によって形式だけが残った人民公社も、一九八五年六月に全面的に解体し、郷政府に再編された。

商工業でも、民営化を中心とした多様な企業形態がとられ、社会主義の骨幹とされた国営企業は後退していった。農村部でも、人民公社の商工業部門（社隊企業）の系譜を引く、多様な郷鎮企業が発展した。国家の指令による経済部分は大きく後退し、市場を通した「経済法則」に基づく経済に移っていった。他国に比べると、国公営企業や国家・地方政府の経済への関与は今なお大きな位置を占めているが、経済の一元化は解体したのである。

人間も束縛を解かれ、流動化した。以前は、厳重な戸籍管理と必要物資の配給制度によって、人々は人民公社や単位に縛り付けられていた。しかし、人民公社は解体し、「経済法則」は各単位に余剰人員の整理や福祉部門の切り捨てを迫る。他方で、新たな起業が新たな労働力を求めるし、生活必需物資も、お金さえあれば、自由な市場でいくらでも買える。こうして、農村から大量の労働力が沿海部の大都市に移動するとともに、都市の単位社会も解体していった。農村においても都市においても、社会主義体制を支えていた「社会主義的統合」、社会の一元化も解体したのである。「社会主義的統合」は最低限での生活保障のシステムでもあったので、その解体は社会保障制度の確立という難問を突きつけることになったが。

5　政治の一元化の解体

「四つの現代化」の中には、政治は含まれてはいない。しかし、社会・経済の一元化の解体は、当然、それらと密接に絡まっていた政治の一元化も解体に導く。もはや個々人の内面まで支配することは不可能であり、「日常の政治化」も不可能になった。かつてのような、動員と「自主性」が渾然一体となったような大規模な「大衆運動」も、もはや過去のものである。

他方で、共産党の一党独裁はなお続いているが、党内にも変化は起こっていることを見逃してはならない。毛沢東の権威は、国家主席の地位を劉少奇に譲った後も、変わらず絶対的だった。大躍進であれほどの餓死者や大困難を中国国内にもたらしても、ソ連のフルシチョフのように失脚することはなかったし、「十年の動乱」（文化大革命）も彼が死ぬまで公式に否定することはできなかったのである。彼は日中戦争下で共産党を発展させ、内戦を勝利に導き、多くの軍幹部が躊躇した朝鮮戦争への参戦も主導して、アメリカ軍を三八度戦付近にまで押し戻すという、毛自身も予想外の成果をあげ、その後も国家の安全保障の上で結果的に大きな失策はなかった。そうしたことこそ、まさしく総力戦態勢のトップ・リーダーに求められるものだったのであり、国内での失政がいかにひどくても、それだけでは命取りにはならない権力構造だったからである。他の社会主義体制でも、トップ・リーダーが経済政策などでいかに失敗しても、本人の死亡以外にはほとんど失脚することがなかったのはこのためであり、北朝鮮もその例外ではない。フルシチョフの場合は、失脚する二年前にアメリカの対応を読み誤ってキューバに核ミサイル基地を建設し始め、米ソ間の全面核戦争がもはや避けられないと思われたキューバ危機（一九六二年一〇月）を引き起こした挙句に、アメリカに譲歩して核ミサイルを撤去するという結果に終わったことが、彼の権威を大きく失墜させていたはずである。

華国鋒を実質的に失脚させた鄧小平の場合は、軍事委員会の主席にはなっても、党内序列でトップになることは避けていたが、役職にかかわりなく実質的にはやはり最高指導者であり、かなりの権威をもっていた。一九八七年の一三期一中全会では、「以後も重要な問題には鄧小平同志の指示を仰ぐ」という秘密決議がなされている。ただし、毛沢東ほどの絶対性はなく、その結果、党内の保守派と改革派の対立や、民主化運動とその結果としての第二次天安門事件*が起こっている。

＊一九八九年に起こった、民主化と自由を求める学生や市民の運動を、政府が武力で弾圧した事件。

他方、江沢民以後の最高指導者の権威は、党と軍事委員会の主席という役職に基づくものであり、もはや毛沢東や鄧小平のようなカリスマ性はもっていない。党内も必ずしも一枚岩ではなく、したがって今の習近平の権威も絶対ではなく、毛沢東時代に戻ることもない。いかにAIを駆使して人々を監視しようとしても、かつてのような「内面にまで及ぶ支配」は再現できないからである。だから、党や自分に都合が悪い言論や行動、あるいは歴史の研究活動などは、露骨に取り締まろうとする。同時に、世界第二の経済大国になったことを背景にした、軍事を含む国際的な地位の上昇、そしてそれに基づいて「中華ナショナリズム」を喚起することで、権威を補おうとしているが、それが保障される大前提は、経済が引き続き発展することであろう。しかし、中国が今まで築いてきた地位から大きく後退することはないとしても、かつてのような勢いでの発展はもはや不可能である。

要するに、政治・経済・社会の一元化は解体したのであり、当然、それを根幹とする社会主義体制はすでに解体しているのである。政治における共産党の一党独裁や、経済における国公有企業の相対的に大きな位置、あるいは本書では触れなかったが、「諸侯経済」などと呼ばれる地方政府の活発な経済活動（起源は『十大関係論』や人民戦争戦略に基づいた、地方への「権限の下放」に求められるであろう）など、「中国的特色」乃至「中国的伝統」なるものの多くは、冷戦下の総力戦態勢の遺産にすぎず、中国の改革開放後の経済発展には有効だったとしても、他の国の経済発展のためのモデルにはなりえない。

また、現在は「中国の特色ある社会主義」を掲げているが、社会主義である以上は、社会的な合意の形成が模索されねばならないはずである。一党独裁下の国公有が実質的には党有でしかないのと同様に、社会的合意の形成を模索する手段＝民主主義を欠くという「特色ある社会主義」は、本来の理念や理想などをもはやもたない、単に現実を追認しただけの看板でしかない。実質はむしろ、「超・超国家主義」を歴史的背景に持つという、「中国の特色ある国家資本主義」とでも言うべきであろう。

第2節　冷戦期の日本と中国

1　社会主義体制と対日意識

次に、中国の社会主義体制と日本との関係について触れておきたい。まず強調すべきは、日本の全面的な侵略が中国の前途を大きく変えてしまい、その後の過程で社会主義体制が築かれたということである。その意味では、社会主義体制は日本の侵略が後に残した歴史的産物だとも言える。ただし、この問題は第一章ですでに記しているので、ここでは戦後の冷戦期について若干の問題を考えてみよう。

日本は戦後アメリカに占領され、朝鮮戦争では実質的にアメリカ軍の前線基地にされるとともに、「朝鮮特需」が戦後不況から脱却する大きな契機になった。一九五一年のサンフランシスコ講和条約によってようやく主権を回復したが、同時に日米安全保障条約を結んでアメリカの同盟国になり、中国やソ連と対立する西側陣営の一員になった。そして、翌年には日華条約を締結して、台湾の中華民国政府を中国の正統政府として承認し、中華人民共和国とは長い期間正式な国交がなかった。そうしたこともあって、経済官僚である薄一波の回想録には、日本はほとんど出てこない。

その数少ない記述の一つが、一九六四年に先述した国防三線建設（第六章第一節4および第二節1）を開始するにいたる際の、中国をめぐる国際環境の緊張を列挙した次の部分である（太字は筆者による）。

アメリカが朝鮮侵略戦争の失敗の後、またベトナムを侵略する戦争を起こし、わが国の南の大門の外にまで戦火を燃やして、わが国の安全を脅かした。これ以前には、一九六二年、国民党の武装した特務部隊がわが国の東南沿海や広東沿海地域に侵入し、大規模に大陸を侵犯する「遊撃回廊」を樹立しようとするのを、アメリカが多方面にわたって後押しした。インド政府は絶え間なくわが国の領土を蚕食し、中印国境地帯の東と西の二カ所から同時に我々に対する武装進攻を起こした。**八年もの長きにわたってわが国を侵略した日本は、まだわが国と正常な国交を回復していなかった。**わが国北部の中ソ国境地域の空気も非常に緊張していた。これらの現実に直面して、我々は等閑視することはできず、必ず国防を一層強化して、常に準備を怠らないようにしなければならなかったのだ。〈842〉

中国の社会主義体制が、アメリカ「帝国主義」を中心とする西側陣営の「侵略」に備えた総力戦態勢である以上、その前線に位置し、侵略を受けたことがある国は当然意識せざるをえないし、ずっと正式な国交がなかったこと自体が、中国にとっての脅威の一つだったのである。朝鮮戦争で中国はアメリカと戦闘をしているが、場所は朝鮮半島であって、中国本土ではなかった。だから多くの中国の民衆にとっては、「帝国主義の侵略」という言葉の具体的なイメージは、なによりも日本が過去に与えたものだった。朝鮮戦争の最中に自衛隊（当時は警察予備隊）を創設したことも、アメリカが日本の軍国主義を復活させようとしていると受け止められている。ただ、日本は戦後ほぼ一貫して、アメリカとは異なる独自の外交をほとんどしなかった。そして中国にとっての直接の軍事的脅威は、やはりアメリカだった。だから、外交ではなく経済部門の高官だった薄一波の回想録では、アメリカについては語っても、日本にはほとんど触れていないが、潜在意識の中では高い位置を占めていたのである。

こうした状況を象徴しているのが、一九七二年に田中首相が国交回復のため訪中する前に、中国政府が「『日帝の侵略』に対する恨みが強い大衆の説得に腐心」せざるをえなかったことである。『朝日新聞』（一九九七年八月二七・二八日付）によれば、まず世論調査から始めたが、上海の工場や路地で意見聴取をした人は、「反応はつらかった。ある労働者は涙ながらに『両親を日本軍に殺された。日本の首相を歓迎などできない』と訴えた。『日本人にだまされるな』という声もあった」と言っている（とくに対日戦争賠償請求の放棄に対する風当たりはきつかったという）。このため、中国外務省が「田中首相の訪中接待に関する内部宣伝提綱」という文書を全国に流し、いっせいに人民教育を始めた。外務省の日本課副課長は、「二月のニクソン米大統領の訪中時には、こんなものは作らなかった。米国とも朝鮮戦争で戦火を交えているが、日本への恨みは数百倍強い」、と回想したという。日本に対する意識や関係も、社会主義体制を民衆レベルで支えるものの一つだったのだが、そうしたことを、当時、筆者自身も含めてどれだけの日本人が理解していただろうか。

2　冷戦と東アジアの政治体制

もちろん、冷戦は日本にも当然大きな影響を及ぼしていた。ここではまず、現在にまでつながる政治体制の問題について考えてみよう。

冷戦期には、東アジア各国・地域の政治体制は民主的ではなかった。東側陣営の中国や北朝鮮の社会主義体制は共産党や労働党の一党独裁であり、他方西側陣営では、最前線の台湾は戦後の外来勢力（「外省人」）であった国民党による軍事支配がなされ、同じく韓国は短い期間を除いて軍事独裁体制で、いずれも徴兵制をとっていた。冷戦の解体とともに、台湾と韓国では民主化が進み、台湾では二〇一八年末に徴兵制が廃止されて志願制になったが、北朝鮮との緊張が続く韓国はなお徴兵制をとっている。アメリカとの軍事的緊張が緩和した中国では、一党独裁のままだが、ある程度の自由は黙認され、軍も志願制になっている。しかし、なお軍事的な対立が続く北朝鮮では、「社会主義的統合」の下での徴兵制が維持されている。これらのことは、冷戦下の厳しい軍事的対立が民主主義や自由の実現を阻んでいたことともに、冷戦解体後も緊張関係の強弱がなお強く当該地域を規定していることも示している。

では日本はどうだったか?　日本では平和憲法の下で、基本的には自由や民主主義は守られてきた。また、日米安全保障条約（安保）によって最強のアメリカの傘の下に入ったことで、徴兵制もなかった。しかし、一九五五年に左派と右派に分裂していた社会党が統一し、これに対抗して保守陣営も日本民主党と自由党が合同して自由民主党になって以後、「五五年体制」が成立した。選挙による国会の議席では、憲法改正と安保護持を掲げる自民党が過半数以上を占めて政権を独占する一方で、憲法擁護と安保反対を掲げる社会党などの野党勢力も憲法改正を阻止できる三分の一は保持した。自民党内には分裂してもおかしくないほどの派閥や考えの違いがあったが、そうした党内の矛盾や利害対立は、調整というよりは予算のばら撒きなどによって「解決」された。また自民党政治に対する国民の不満もけっして小さいものではなく、首都東京を含む地方の選挙では、自民党が敗北していくつかの革新自治体ができたりしたが、中央での「五五年体制」は、冷戦が解体した後の一九九三年まで続いた。民主的な選挙の下では通常は起こるはずの政権交代が、四〇年近くもなかったのである。そしてもっとも基本的な対立軸は、軍事力の保持に関する憲法の第九条と、アメリカとの軍事同盟である安全保障条約をめぐるものだった。これは民主主義の下でも、冷戦という厳しい国際的な軍事対立が、国民の選択肢を強く制約した結果であると考えられる。

さらに、自衛隊違憲裁判などは、札幌地裁が違憲だという判決を下したことはあるが（長沼ナイキ訴訟、一九七三年）、結局は「高度の政治性をもつ国家行為」であるという理由で、憲法判断を回避し続けている。憲法の条文に基づいて判断すれば、違憲判決を下すしかないが、それは安保体制を否定することになるからである。三権分立も十分には機能してはいなかった。* つまり、他地域の独裁政権と日本の民主主義の機能不全は、冷戦という同じメダルの裏表の関係だったのである。

＊二〇一五年に安倍政権は、それまでの憲法解釈を変えて集団的自衛権の行使を認めた安全保障関連法を強行採決したが、憲法学者らが起こした違憲訴訟に対して、二〇一九年一一月、東京地裁はやはり憲法判断をしないまま、原告の請求を棄却した。

それは、冷戦解体後の現在にまで大きな影響を及ぼしている。中国と北朝鮮では、一党独裁が継続している。台湾では、もともとは外来勢力だった国民党が、冷戦の間に「農地改革」などによって土着化を進め、とくに北・中部地域で根を下ろして、「本省人」の党である民進党と対抗している。日本では、主に労働組合を基盤とする万年野党だった社会党は、冷戦解体後に衰微した（現在の社民党）。しかし、一貫して政権を握っていた自民党は、とくに経済界や農村地域あるいは官僚機構に揺るぎない基盤を築いており、冷戦解体後は短期間下野することはあっても、すぐに政権を取り戻している。要するに、東アジアでは長い冷戦の間に、執権政党が経済的にも社会的にも強固な基盤を築いていったのである。ただ、政党が関与しない軍事独裁だった韓国では、民主化によって時々政権交代が起こっている。

3　冷戦と日本経済――中国との「類似」点

冷戦は日本経済にも大きな影響を及ぼしている。冷戦期には、もちろん中国ほどではないが、国家の経済への直接的関与は、かなり大きかったのである。

まず重要な経済部門には、三公社五現業と言われるような、巨大な公営事業が存在していた。三公社とは、日本国有鉄道（国鉄）・日本専売公社（専売公社）・日本電信電話公社（電電公社）である。国鉄は一九〇六年の鉄道国有法により大半の鉄道を国有化して基礎が築かれ、第二次大戦後の一九四九年に一〇〇％政府出資の公共企業体（公社）に移行し、一九八七年にJRとして分割・民営化されるまで続いた。煙草と塩は、日露戦争の戦費調達のために一九〇五年に大蔵省専売局の下での専売制度がとられたが、戦後の一九四九年に専売公社が設立されて移管され、一九八五年に日本たばこ産業として民営化され、一九九六年に塩事業部門が独立して財団法人塩事業センターになった。電信事業も戦前から官営であったが、一九五二年に電電公社が設立されて国内の電信電話事業を独占し、一九八五年に日本電信電話株式会社（ＮＴＴ）として民営化された。

要するに、三公社はいずれも戦前からの官営事業を引継いでいるが、戦後に公社に改編される際には、ＧＨＱ（連合国軍最高司令官総司令部）が関与していた。国鉄と専売公社はＧＨＱによる労働政策・公務員政策の一環として設立されており、電電公社はマッカーサー*の助言によって逓信省から分離された電気通信省からさらに独立している。そして三公社とも、東アジアの冷戦が解体していった一九八〇年代に民営化されていったのである。

＊ダグラス・マッカーサー（一八八〇―一九六四年）。アメリカの軍人で、連合国軍最高司令官として、日本の占領・統治にあたった。朝鮮戦争では国連軍総司令官として戦争を指揮したが、トルーマン大統領と対立して解任された。

また五現業とは、郵政省の郵政事業、大蔵省の造幣局による造幣事業、同印刷局による日本銀行券や郵便葉書などの印刷事業、農林水産省の外局である林野庁による国有林野事業、そして通商産業省によるアルコールの専売事業である。このうちまずアルコール専売事業が一九八二年に新エネルギー総合開発機構（後の新エネルギー・産業技術総合開発機構）に移管された。また二一世紀に入り、中央省庁の再編を経て、二〇〇三年には郵政事業が日本郵政公社へ、造幣事業と印刷事業はそれぞれ独立行政法人の造幣局、同国立印刷局に組織変更された。さらに郵政公社は二〇〇七年に民営化されて日本郵政グループになった。このように五現業もまた、国有林野事業以外は、一九八〇年代以後にすべて独立行政法人化か民営化されている。

さらに重要なのは、主要食糧の需給・価格などを政府が管理する、食糧管理（食管）制度が行なわれていたことである。米麦・芋類・雑穀などを対象に、農家の自家消費用以外は政府が決定する条件で強制的に政府に売渡すという供出制は、日中戦争下の一九四〇年に応急的に始まり、太平洋戦に突入した直後の一九四二年二月の食糧管理法で体系化された。米については翌四三年から部落責任供出制度が採用されている。

戦後食糧不足の緩和とともに統制は緩められ、米についても大蔵省から統制撤廃という方針が出されたが、直後に朝鮮戦争が勃発した結果、アメリカの顧問であったドッジ*が撤廃に反対して、米の統制は農業協同組合に依拠して継続されることになった。ただし、日本が安全保障でアメリカの傘の下に入ったことから、戦中の食糧自給のための増産政策とは異なり、アメリカからの余剰農産物の受入れを前提としつつ、農村との利害の調整をはかるというものに変わっていく。米については、一九五五年には強権的な割当供出制から、生産者が収穫前に政府に売渡し予定数量を申し込む予約売渡制になり、また生産者米価を引上げるようになっていく。さらに、一九六〇年には日米安全保障条約の改訂をめぐって国論が二分される状況の下、生産者米価の決定に生産費・所得補償方式が導入され、食管制度は明確に米作農民を保護するものになった。その結果、米の生産過剰とともに、消費者米価の方が生産者米価よりも安くなる逆ザヤが生じ、財政負担を重くした。そこで一九六九年からは政府が買上げる政府米とともに、需給計画下にはあるが政府は通さない自主流通米の制度なども導入され、東アジアの緊張が緩和した一九八〇年代には流通自由化が進められた。しかし、食管制度そのものは冷戦が解体した後の一九九五年まで維持され、農村を自民党の重要な基盤とする体制の維持に、大きな役割を果たしたのである（玉2013他）。同時期の中国の「統一購入・統一販売」政策（本書第二章参照）と対比するのは、興味深いテーマであろう。

＊ジョゼフ・M・ドッジ（一八九〇―一九六四年）。アメリカのデトロイト銀行頭取で、GHQの最高財政金融顧問として来日し、戦後の日本経済の安定と自立を目標とした、ドッジラインと呼ばれる財政経済の緊縮政策を実施させた。その結果、インフレは収束したが、日本経済は深刻な不況に陥った。

4　改革開放政策と日本――「日本的経営ブーム」について

最後に、中国が開放政策に転じた当初、中国との「類似性」によって、日本が大きな役割を果たしたことにも触れておこう。以下の叙述は、呉贊の研究（呉2017）に依拠している。

「一九七〇年末から一九八〇年代にかけて、中国において日本の企業管理に関する書籍や論文がおびただしい量で発行され、多くの国営企業に日本からの企業管理方法が積極的に導入される現象が現れた」。これを呉は「日本的経営ブーム」と呼んでいる（同上：4）。「四人組」の逮捕の翌年から、華国鋒や再度復活した鄧小平は、先進諸国の経済発展に注目し、科学と技術を学ぼうとして、大規模なプラント輸入による建設が図られた。しかしこのいわゆる「洋躍進」政策は、「巨額の対外支払いと導入技術の消化不良に帰結し挫折した。しかしこの過程で、現場での不効率や能力・やる気のなさ等、拙劣な管理に起因する問題が明らかになり、……先進諸国から中国に適した管理モデルを探すようになった」（同：51）。

「視察団は日本に限らず、米国、西欧各国についても幅広く調査し」た結果、「社会主義中国の理想に一番近く、経済体制を維持しつつ経済発展を実現するために最適なのは『日本的経営』である」と考えたのである（同：93）。「マルクス政治経済学に根強い影響を受けた視察団員は、常に階級と平等という枠の中で物事を観察していた。〔市場の役割が注目された〕『訪米報告書』〔正式名は『美国経済管理考察報告』〕では、『収入格差が大きく』『無産階級の比率が下がったものの、階級搾取と対立の本質は変わっていない』と階級の本質を強く意識し、労使関係においても、アメリカの能力主義賃金が非常に高い転職率と失業率をもたらし、社会の不安定に繋がっていると分析している。アメリカでは転職がごく普通に考えられていたが、当時失業や転職がほぼ不可能な中国では、それは非常に警戒すべきことであった。『訪欧報告書』［正式名は『西独、瑞士奥地利経済管理考察報告』］でも、『社会資本主義』の性質を分析し、資産階級の仕業として紹介し、社会主義中国への運用や参考などについて言及すらしなかった。しかし『訪日報告書』［正式名は『日本工業企業管理的考察報告』］の場合、階級に関するコメントはアメリカや西欧と違って、批判の色が薄く、協調的な社会が描かれたのである。例えば日本企業が運命共同体を作ることで、『階級対立が緩和されている』と、評価しているように見えるコメントなどが書かれている」（同：91）。そこで「企業利益と従業員利益を一致させる『運命共同体』を作る」のに効果的な手法として紹介されているのは、「終身雇用制度」、「年功序列賃金制度」、「年2回のボーナス制度」、そして「手厚い福利厚生」であった（同：84）。*

*ただし、これらの「制度を支えている多くの非正規工の存在という事実を知らなかったのか、一切言及することはなかった」（同：89）。

改革開放政策を開始した当初、「中国経済体制改革の方向が計画経済か市場経済かをめぐって、激しい議論が展開され」（同：85）たが、結局陳雲の鳥籠理論（市場を鳥に、計画経済を籠になぞらえたもの）にみられるように、市場はあくまで計画経済の枠の中で活用すべきだとされた。つまり、「『日本的経営ブーム』の発生は選択の結果であり、選択過程で決め手となったのは社会主義体制との親和性」であった。「当時の選択基準は社会主義に合うかどうかがほかの何よりも重要視され」ていたからである（同：59）。

したがって、九〇年代に入って、鄧小平の「南巡講話」以後にほぼ全面的な市場経済化が進められるとともに、「日本的経営ブーム」は消滅していった。「収入格差の拡大は『平均主義』を打破するものとして評価され、従来の平等主義は徐々に能力主義へ転換した。国営企業において社会主義時代の人事制度は、鉄飯碗〔『壊れない』、つまり食いはぐれのない生涯雇用の保障〕、鉄交椅（鉄椅子）〔一度昇進して得た地位（椅子）は決して下がらない年功序列制〕、鉄工資〔一度上がった賃金は絶対下がらない年功給〕の所謂『三鉄』で特徴付けられたが、労働市場が形成されたことによって、そのような終身雇用を特徴とする雇用制度は廃止を余儀なくされた」（同：148）。「国営企業の終身雇用、年功序列は『悪平等』『大鍋飯』（みんなで大きな釜の飯を最低限に平等に食べる＝分配平均主義）であると見なされ、嫌われるようになった」（同：151）。

「ただ、ここにいう『日本型の人事管理システム』というのは、中国でブームになったあの『日本的経営』に描かれたものであって、必ずしも日本企業の経営を正確に反映したものではなかった。中国の社会主義体制という環境の中で、意識的に強調された中国との類似した部分、わけても強い平等主義的要素が日本的経営のイメージとして浮き彫りになった。……すなわち、〔九〇年代半ばの〕日系企業に対する低評価という現象は、部分的には、中国人自身による自分たちの過去に対する低評価に他ならなかった」。他方で「実践で正当化された品質管理などの方法は、正当化の過程でイデオロギーの支配から脱出し、科学的と認められたため、九〇年代半ばのイデオロギーの転換に影響されず、企業に定着したのである」（同：154）。「つまり、ブーム期の日本的経営は、認識上において、社会主義中国の性質にあうものだといった作られたイメージ的な意味を持つ一方、実践上では国営企業の生産性を向上させる実用的なものとして、品質管理、目標管理、人事労務管理など企業の生産現場の管理に関する内容に集中した特徴があった」（同：156）。そして、「日本的経営ブームは中国の企業管理近代化過程において重要な基礎作りの役割を果たした。ブーム期で学んだ管理知識、導入した管理方法が、管理ノウハウの蓄積となり、優秀な人材の蓄積となり、現在の中国企業の競争力を支えている」（同：157）。

以上、呉贇の研究に全面的に依拠して、社会主義体制と「日本的経営」（「会社主義」？）との「類似」、およびその改革開放政策に与えた影響を見てきた。ただし留意すべきは、ここでいう「日本的経営」の中の終身雇用制や年功序列制などもまた、戦前にも見られたが戦後いったん衰退し、一九六〇年代の高度経済成長による労働力不足や、六〇年安保後の労使協調路線にともなって本格的に採用されるようになったこと、つまり冷戦期の産物であることである。冷戦の中で日本でも「社会主義的なもの」が存在したこと、それが資本や技術の援助とともに、中国の市場経済への移行を比較的スムースにするのに寄与したことは興味深い。そしてこれらもまた、九〇年代初めのバブル崩壊と冷戦解体後の新自由主義の席巻によって、解体に瀕している。

日本の「失われた二〇年」は、中国にとっては市場化の一層の推進による高度経済成長と、国際的影響力の飛躍的拡大の時期であった。そうした日本や中国を含む世界中で、新自由主義がどこでも経済的格差を急激に拡大させていっただけでなく、環境・疫病そして人権など、多くの深刻な問題をますます国際化させつつある。こうした中では、資本主義の矛盾を解消ないし緩和しようと志向する本来の社会主義の理念は、社会主義という名称を掲げるか否かにかかわらず、国際的に追求していかざるを得ないであろう。それらの問題は、かつての社会主義体制とは根本的に異なり、国内でのさまざまな努力はもちろん、一国の利害を超えた国際的な議論や行動そして協力の中でしか、解決の展望はないからである。

ほぼ二〇年前、筆者の最初の単著である『中国の現代史――戦争と社会主義』を上梓した。かなり長いが、「おわりに」の最後の部分を引用する。

資本主義が誕生してから、人間は社会（人々の集団）から孤立しては生きていけない時代に入った。経済が世界中を結びつけ、政治がむりやり孤立を打ち破っていった。人々はいやおうなしに、互いに運命共同体の一員として、他者と密接な関係を結んでいかざるをえなくなった。……こうした運命共同体的な枠組の基本単位となったのが国家であり、二〇世紀後半は全世界で人々が国家単位で統合された時代でもあった。その動きは、なお完了してはいないようである。

しかし今日では、運命共同体はその範囲を拡げざるをえない。両陣営が激しく対立しながらも、「冷たい戦争」のままであったのは、全面的な核戦争になれば人類が滅びるからである。この意味では、すでに人類全体が運命共同体になっているといえよう。もちろん、人類全体を運命共同体にするのは、核の恐怖だけではない。環境破壊も年々深刻の度を加え、いまや「異常気象」が「平常」になりつつある。経済も政治もますます国際化し、一国だけでとりうる政策の幅はさらに小さくなっている。そのほか、人口爆発による食糧問題など、これからの重要な問題は、すべて人類共同体あるいはそれを構成する地域的共同体の問題だと思えるほどであり、そこを離れて、国益も「民族のプライド」もないのではなかろうか？

かつて世界に先駆けて国民国家の時代に入り、相互に激しく争ったヨーロッパ諸国が、いま、EUという形の統合を強めるなかで、各国の利益を追求していることが、そうした事態を象徴しているように思われる。そこでは、歴史認識もともに検討され、合意が形成されつつある。

冷戦がようやく解体し、二一世紀には世界は戦争の恐怖から解放されねばならない。世界の情況は不均等で、いまなお国民国家を目指す動きもあり、局地的紛争は絶えないが、他方で、国家の枠を超えた統合も始まっている。もちろん、各地域がすぐにEUのようになるというのは空想で、EU自身もなお模索しつつあり、われわれは国家の枠からは簡単には抜け出せない。しかし、環境破壊など地球レベルの深刻な問題のためには、国民国家の論理から解放されねばならぬことも確かであり、問題は国家的利害をいかに相対化して、国際的な合意をつくっていくかである。言わば、国際的な高度の民主主義が、われわれに求められているのである。

地球という生産手段を、国際的な高度の民主主義によって社会化（みんなのものに）する、それしか人類が生きのびる道はないのではないか?五〇歳になったかつてのマルクス・ボーイは、まもなく二一世紀を迎えようとするいま、そんな思いでいる。

それから二一年たって七一歳になった今も、「リアリスト」からみればまったく成長していない。いやむしろ、今回の新型コロナの世界的流行によって、思いは一層強まるばかりである。一時的には一国主義的な動きが強まることもあるであろう。しかし、問題が地球規模になればなるほど、地球規模で解決していくしかなくなる。その際、覇権や抑圧はそれらをただ一時的に隠蔽し潜在化させるだけで、結局は問題を一層深刻にさせていくしかない。いかに困難であれ、「国際的な高度の民主主義による地球の社会化」を目指していくしかないであろう。思想や学問などの自由あるいは真の男女平等などに基づく国内の民主化は、その大前提の一つである。

参考文献・引用文献一覧

本文中では、原則として当該箇所に、（著者の姓、著書・論文の発行年：参照頁数）の形式で掲出した。

〈参考文献〉

阿南友亮 2019：「中国人民解放軍の形成過程と『中国革命』の再評価」『現代中国研究』第42号。
天児　慧 2004：『巨龍の胎動――毛沢東vs鄧小平』（中国の歴史11）、講談社。
天野祐子 2004：「日中戦争期における国民政府の食糧徴発――四川省の田賦実物徴収を中心に」『社会経済史学』70巻1号。
天野祐子 2006：「戦後国民政府下の経済建設計画と戦時徴発――四川省からみた国共内戦」『史論』第59号。
天野祐子 2007：「日中戦争期における国民政府の新県制――四川省の事例から」、平野健一郎編『日中戦争期の中国における社会・文化変容』、東洋文庫。
飯塚　靖 2014・2015：「国共内戦期・中国共産党による東北根拠地での兵器生産（Ⅰ）～（Ⅲ）」『下関市立大学論集』第57巻第3号、第58巻第2～3号。
石川禎浩 2010：「小説『劉志丹』事件の歴史的背景」、石川禎浩編『中国社会主義文化の研究』京都大学人文科学研究所。
石川禎浩 2016：『赤い星は如何にして昇ったか――知られざる毛沢東の初期イメージ』、臨川書店。
泉谷陽子 2007：『中国建国初期の政治と経済――大衆運動と社会主義体制』、お茶の水書房。

磯部　靖　1997：「中国における高崗・饒漱石事件と大行政区の廃止」、『アジア研究』第43巻3号。
宇野重昭・小林弘二・矢吹晋 1986：『現代中国の歴史　一九四九～一九八五』、有斐閣選書。
梅村　卓　2015：『中国共産党のメディアとプロパガンダ――戦後満洲・東北地域の歴史的展開』、お茶の水書房。
王　友明　2013：「建国前の土地改革と民衆運動――山東省莒南県の事例分析」、奥村哲（編）2013。
大沢武彦　2019：「中国共産党による戦時動員と基層社会――東北解放区を中心に」『現代中国研究』第42号。
奥村　哲　1999：『中国の現代史――戦争と社会主義』、青木書店。
奥村　哲　2004：『中国の資本主義と社会主義――近現代史像の再構成』、桜井書店。
奥村　哲　2008：「歴史としての毛沢東時代」、『現代中国』第82号。
奥村　哲　2010：「文化大革命からみた中国の社会主義体制」、メトロポリタン史学会編『いま社会主義を考える――歴史からの眼差し』桜井書店。
奥村　哲（編）2013：『変革期の基層社会――総力戦と中国・日本』、創土社。
加々美光行　1980：『資料・中国文化大革命――出身血統主義をめぐる論争』、りくえつ。
加島　潤　2018：『社会主義体制下の上海経済――計画経済と公有化のインパクト』、東京大学出版会。
角崎信也　2010ａ：「新兵動員と土地改革国共内戦期――東北解放区を事例として」、『近きに在りて』57号。
角崎信也　2010ｂ：「土地改革と農業生産――土地改革による北満型農業形態の解体とその影響」『国際情勢』80号。
久保　亨　2011：『シリーズ中国近現代史④　社会主義への挑戦』、岩波新書。
呉　贇　2017：「中国における日本的経営ブームとその歴史的位置づけ」、京都大学大学院経済学研究科博士論文。
黄　東蘭　2007：「革命、戦争と村――日中戦争期山西省黎城県の事例から」、平野健一郎編『日中戦争期の中国における社会・文化変容』、東洋文庫。
小林弘二 1997：『二〇世紀の農民革命と共産主義運動――中国における農業集団化政策の生成と瓦解』、勁草書房。
金野　純 2008：『中国社会と大衆運動――毛沢東時代の政治権力と民衆』、お茶の水書房。
笹川裕史・奥村哲 2007：『銃後の中国社会――日中戦争下の総動員と農村』、岩波書店。
笹川裕史 2011：『中華人民共和国誕生の社会史』、講談社選書メチエ。
笹川裕史 2013：「戦後中国における兵士と社会――四川省を素材に」、奥村哲（編）2013。
下斗米伸夫 2004：『アジア冷戦史』、中公新書。
朱　建栄 2001：『毛沢東のベトナム戦争――中国外交の大転換と文化大革命の起源』、東京大学出版会。
白井洋子 2006：『ベトナム戦争のアメリカ――もう一つのアメリカ史』、刀水書房。
田中恭子 1996：『土地と権力――中国の農村革命』、名古屋大学出版会。
田中仁・菊池一隆・加藤弘之・日野みどり・岡本隆司 2012：『新・図説　中国近現代史』、法律文化社。
高木誠一郎 2001：「米中関係の基本構造」、岡部達味編『中国をめぐる国際環境』、岩波書店。
高松基之 1998：「冷戦の進展と変質」、有賀貞・宮里政玄編『概説アメリカ外交史』、有斐閣選書。
玉真之介 2013：『近現代日本の米穀市場と食糧政策――食糧管理制度の歴史的性格』、筑波書店。
陳　祥 2011：「日中戦争による『満洲国』農業政策の転換」『環東アジア研究センター年報』巻6。
中嶋　毅 1999：『テクノクラートと革命権力――ソヴィエト技術政策史　1917――1929』、岩波書店。
野田公夫 2013：「『土地改革の時代』と日本農地改革」、奥村哲（編）2013。
古田元夫 1991：『歴史としてのベトナム戦争』、大月書店。

松村史穂 2005：「中華人民共和国期における農産物と化学肥料の流通統制」、田島俊雄編著『二〇世紀の中国化学工業』東京大学社会科学研究所研究シリーズ一八。
丸川知雄 1993：「中国の三線建設Ⅰ・Ⅱ」『アジア経済』第34巻第2・3号。
丸田孝志 2017：「戦後内戦期・中国共産党根拠地の大衆動員と社会——冀魯豫区根拠地を中心に」『史学研究』第296号。
三品英憲 2003：「戦後内戦期における中国共産党の革命工作と華北農村社会——五四指示の再検討」『史学雑誌』112巻12号。
三品英憲 2017：「近現代中国の国家・社会間関係と民意」、渡辺信一郎・西村成雄編『中国の国家体制をどうみるか——伝統と近代』、汲古書院。
毛里和子 1987：「中ソ対立の構造」、山際晃・毛里和子編『現代中国とソ連』第四章、日本国際問題研究所。
毛里和子 2012：『現代中国政治』第三版、名古屋大学出版会。
門間理良 1997：「国共内戦期の東北における中共の新兵動員工作」『史境』35号。
山際 晃 1987：「中ソ関係の展開」、山際晃・毛里和子編『現代中国とソ連』第一章、日本国際問題研究所。
山際 晃 1997：『米中関係の歴史的展開』研文出版。
山之内靖、ヴィクター・コシュマン、成田龍一（編）1995：『総力戦と現代化』、柏書房。
山本 真 2006：「広西派政権による総動員体制と農地改革、1946–1949年」、久保亨編『1949年前後の中国』、汲古書院。
山本恒人 1985：「一九六〇年代における労働・教育・下放の三位一体的政策展開とその破産」、加々美光行編『現代中国の挫折 文化大革命の省察』、アジア経済研究所。

楊　麗君 2003：『文化大革命と中国の社会構造――公民権の配分と集団的暴力行為』、お茶の水書房。
横手慎二 1982：「20年代ソ連外交の一断面――1927年のウォー・スケアーを中心にして」『スラヴ研究』29号。
和田春樹 1992：『歴史としての社会主義』、岩波新書。
薄一波 2008：『若干重大決策与事件的回顧』（修訂本）上・下巻、人民出版社。
郭徳宏・張湛彬・張樹軍主編 1997：『党和国家重大決策的歴程』第三巻、紅旗出版社。
叢　進 1996：『曲折発展的歳月』（二〇世紀的中国⑦）、河南人民出版社。
林蘊暉・范守信・張弓 1996：『凱歌行進的時期』（二〇世紀的中国⑥）、河南人民出版社。

〈史　料〉

本文中では、原則として当該箇所に、（史料の略称、引用文タイトル：参照頁数）の形式で掲出した。


日本国際問題研究所中国部会編『新中国資料集成』（『資料集成』と略称）、第一～五巻、日本国際問題研究所、一九六三～一九七一年。

東京大学近代中国史研究会訳『毛沢東思想万歳』（『毛万歳』と略称）下巻、三一書房、一九七五年。

中共中央毛沢東主席著作編輯出版委員会編『毛沢東選集』（『毛選集』と略称）第五巻、人民出版社、一九七七年（邦訳本は外文出版社、一九七七年。引用はこれによる）。

中共中央文献研究室編『建国以来毛沢東文稿』（『毛文稿』と略称）第一～一三冊、中央文献出版社、一九八七～一九九八年。

中共中央文献研究室編『建国以来重要文献選編』（『重要文献』と略称）第一～二〇冊、中央文献出版社、一九九二～一九九八年。

中共中央文献研究室編『毛沢東文集』（『毛文集』と略称）第一～八巻、人民出版社、一九九三～一九九九年。

中共中央文献室編『毛沢東伝（1949-1976）』（『毛伝』と略称）上・下、中央文献出版社、二〇〇三年。

中共中央文献室編『毛沢東年譜』（『毛年譜』と略称）第二巻、中央文献出版社、二〇一三年。

鄧小平『鄧小平文選』（『鄧文選』と略称）第三巻、人民出版社、一九九三年。

あとがき

本書の元になった論文を収録した共著の『21世紀歴史学の創造5　人びとの社会主義』が二〇一三年六月に有志舎から出版され、同社の永滝稔さんからそれをもとに本を書かないかという話があったのは、出版後少したってからだと思う。ものを書くことも含めて、大事なこともついつい先延ばしにしてしまう性格のために、承諾してからも一向に執筆は進まなかった。その間、二〇一五年に定年退職したので、時間は十分あったのだが。

しかし翌年に母親が数ヶ月の闘病の末に亡くなり、ついで妻が病に倒れたため、主要な史料がある横浜の自宅を離れて、山口県の岩国・柳井や京都で介護生活に入らざるをえなくなった。本気で執筆する気になったのは、手元にある執筆要綱の日付が二〇一八年八月三〇日だから、その直前であろう。さらに翌二〇一九年には治療の関係で、大半を福岡で過ごした。脱稿したのは一二月の二〇日過ぎ頃である。永滝さんの忍耐なしには、本書は生まれなかった。

初校が届いたのは三月末であるが、その間に新型コロナ・ウィルスが世界中を席捲してしまった。これは世界を大きく変えていく歴史的契機になるであろう。こうした事態は脱稿の段階ではまったく予想もしておらず、初校の加筆に苦慮したが、パンデミックの克服も人類共同体の重要な共通の課題であることを、あらためて思い知らされた。まさしく国際的な高度の民主主義が求められる情況であるが、残念ながら現段階ではむしろ逆行ばかりが目立ち、それが事態をさらに悪化させようとしている。それは米中二大国、とくに大統領選挙を控えたアメリカのトランプ政権に顕著である。また中国の強権的・抑圧的な姿勢にも、眉をひそめざるをえない。しかし同時に、そのアメリカや中国の国内も含めて、そうした事態を改善しようとするさまざまな努力もなされており、ポスト・コロナの新たな世界に絶望しかないわけではない。世界が歴史的に大きく変わろうとする中にあって、七〇歳を過ぎた一庶民は、妻、吉田豊子の一日も早い快復と、日本と世界が少しでもよい方向に向かうよう、祈るばかりである。

二〇二〇年九月　北九州市小倉のビジネスホテルにて

奥村　哲

著者略歴
奥村　哲（おくむら　さとし）
1949年生まれ
京都大学大学院人文科学研究科博士課程単位取得退学
現在、首都大学東京（現、東京都立大学）名誉教授
主書：『中国の現代史――戦争と社会主義』（青木書店、1999年）
　　『中国の資本主義と社会主義――近現代史像の再構成』（桜井書店、2004年）
　　『銃後の中国社会――日中戦争下の総動員と農村』（笹川裕史と共著、岩波書店、2007年）

文化大革命への道
毛沢東主義と東アジアの冷戦

2020年11月30日　第1刷発行

著　者　奥 村　　哲
発行者　永 滝　　稔
発行所　有限会社　有　志　舎
〒166-0003　東京都杉並区高円寺南4-19-2
クラブハウスビル1階
電話　03(5929)7350　FAX　03(5929)7352
http://yushisha.webnode.jp
DTP　閏 月 社
装　幀　伊勢功治
印　刷　株式会社シナノ
製　本　株式会社シナノ

ISBN978-4-908672-45-3